W0061919

Christa Schütt

Rund um die Reitstunde

Ensslin & Laiblin Verlag

Reutlingen

Die Abbildungen auf dem Umschlag zeigen von oben links: Sauber ausgekratzter Huf (zu S. 35) — Beruhigen des Pferdes beim Striegeln (zu S. 36) — Richtiges Sitzen (zu S. 78) — Einzelteile des Sattels (zu S. 145) — Das Putzzeug (zu S. 27). Alle Fotos: Harro Dau, München.

Verlag und Autorin danken den Herren Landoberstallmeister Dr. Cranz und den Obersattelmeistern Tröster und Reutter für ihre freundliche Unterstützung bei den Aufnahmen in der Reitschule des Haupt- und Landgestütes Marbach.

51.–56. Tausend

Satz: ensslin-typodienst. Schrift: IBM-Aldin Roman. Druck: W. Kohlhammer Druckerei GmbH + Co. Stuttgart. Bindearbeiten: Heinrich Koch, Tübingen. Printed in Germany.

ISBN 3-77090-391-9

INHALTSVERZEICHNIS

Bevor ich euch etwas über die Pferde und die Reiterei erzähle, möchte ich etwas klarstellen, damit wir uns gleich richtig verstehen.

Ich bin keine Reitlehrerin, wenn ich auch schon viele Jahre reite und selber Pferde besitze. Dieses Buch ist auch keine Reitlehre im herkömmlichen Sinn. Davon gibt es schon viel zu viele und bessere, als ich sie jemals schreiben könnte.

Leider haben diese Reitlehren in meinen Augen einen ganz entscheidenden Haken: Sie sind von Reitern geschrieben, die längst vergessen haben, welche Schwierigkeiten man als Anfänger mit den oft faulen und manchmal störrischen Schulpferden hat.

Die Reitlehren gehen fast immer vom Idealfall aus: von hervorragend ausgebildeten Pferden, von ruhigen, beherrschten Reitlehrern, die unbegrenzt Zeit haben, von kleinen Unterrichtsgruppen usw.

Was ich dagegen in der Praxis erlebt habe, sieht ganz anders aus. Von diesen Erfahrungen bin ich ausgegangen. Ich wende mich mit diesem Buch an alle Reitschüler, die: in einer ganz normalen Reitschule, auf ganz normalen Schulpferden, unter einem ganz normalen Reitlehrer, in ganz normalen Abteilungen einmal in der Woche Reitstunde haben.

In den meisten Reitschulen fehlt den überlasteten Reitlehrern in den häufig überfüllten Stunden einfach die Zeit, sich intensiv mit dem einzelnen Schüler zu befassen. Sie rufen ihren Reitern Befehle zu, oftmals von Schimpfkanonaden begleitet, ohne sich darum zu kümmern, ob die Schüler mit diesen Anordnungen und Kommandos überhaupt etwas anfangen können. Ob sie sie verstehen.

„Irgendwann werden die das schon begreifen, uns hat auch keiner geholfen", ist eine Einstellung, die ich erschreckend oft angetroffen habe.

Vielleicht kann ich euch mit diesem Buch helfen, das, was euer Reitlehrer in den Stunden sagt, ein bißchen besser zu „verdauen". Vieles fällt einem leichter, wenn man weiß, warum man es macht und wie man es machen soll.

Wenn man nur einmal in der Woche zum Reiten geht, fängt man praktisch in jeder Stunde wieder von vorne an. Im Laufe einer Woche vergißt man unheimlich viel. Das ist keine Kritik, sondern eine Tatsache.

Man kann aber auch an den Tagen, an denen man nicht auf dem Pferd sitzt, etwas für die „Fortbildung" tun. Es gibt viele Dinge, die man auf dem „Trockenen" üben kann — und über die will ich euch etwas erzählen. Dann könnt ihr vielleicht in jeder Stunde weiterlernen, anstatt immer wieder von vorne zu beginnen.

Darüber hinaus will ich versuchen, euch das „Einleben" im Stall ein wenig zu erleichtern. Es gibt eine Unmenge Regeln und ungeschriebene Gesetze, die ihr kennen und auch beachten solltet. Pferde sind kein Spielzeug, wenn sie auch noch so lieb sind. Darüber müßt ihr euch klar sein. Leichtsinn und Heldentum sind im Umgang mit Pferden fehl am Platz!

Ihr werdet feststellen: Je mehr man über Pferde weiß, desto lieber hat man sie. Je vertrauter ihr Verhalten einem wird, desto schöner sind die Reitstunden.

Man kann sie stundenlang beobachten, ohne daß es jemals langweilig wird. Pferde sind herrliche, liebe,

freche, faule, listige – und immer interessante Tiere.
So, genug der Vorrede. Kommen wir endlich zur
Sache. Noch bevor ihr euch in Gedanken aufs Pferd
setzt, gehen wir erst einmal gemeinsam durch den
Stall.

EIN BUMMEL DURCH DEN STALL

Ehe ihr euch zum erstenmal auf ein Pferd setzt, solltet ihr euch ein bißchen im Stall und in der Reitbahn
umsehen. Das heißt nun nicht, daß ihr in die Bahn
marschieren sollt. Die Reitbahn ist tabu!
Die meisten Reitschulen haben über oder neben dem
Reitplatz (oder der Halle) eine Tribüne. Von dort aus
könnt ihr Pferde und Reiter beobachten. Hier könnt
ihr schon anfangen, in die Reiterei „hineinzurie-
chen", auch wenn ihr zuerst bei den Kommandos des
Reitlehrers nur „Bahnhof" versteht. Das wird schnell
anders.
Wenn ihr euch nicht gleich unbeliebt machen wollt,
verhaltet euch auf der Tribüne ruhig.
Beim ersten Gang durch den Stall eurer Reitschule
wird euch auffallen, daß nicht alle Pferde gleich untergebracht sind. Ein Teil der Tiere steht gewöhnlich mit
dem Kopf zur Wand angebunden in schmalen **Ständern**. Das sind die Schulpferde, also diejenigen, auf
denen ihr das Reiter-ABC lernen sollt. Die Pferde sind
durch eine Wand oder eine Stange, den **Flankierbaum**,
voneinander getrennt. Zur **Stallgasse** hin sind die
Ständer meist offen, und es ist zuerst ein etwas beäng-
stigendes Gefühl, an lauter Pferdehinterteilen entlang-
zugehen. Aber das verliert sich bald, keine Sorge.

Die anderen Pferde stehen in **Boxen**. Boxen sind nach allen vier Seiten hin geschlossen und etwa doppelt so groß wie Ständer. Manche sehen aus wie große Käfige. In den Boxen sind die Pferde nicht (oder nur in Ausnahmefällen) angebunden. Sie können sich frei darin bewegen. Fast alle Privatpferde und manche wertvollen Schulpferde sind so komfortabel untergebracht.

Wenn ihr durch den Stall geht, dann streichelt bitte nicht jedes Pferd! Ihr könnt nicht wissen, ob eines nicht vielleicht krank ist. Durch das Streicheln ist schon manche Krankheit übertragen worden.

So schwer es euch vielleicht fällt, steckt die Hände in die Taschen. Ihr tut euch und den Pferden damit einen Gefallen.

Zum Stall gehört noch die **Sattelkammer**. Hier werden die Sättel und Trensen verwahrt.

Die **Sättel** liegen auf schmalen Holzböcken, den **Sattelböcken**, auf denen der Name des dazugehörigen Pferdes steht (manchmal allerdings auch nicht). Über oder neben den Sätteln hängen die **Trensen**. Auch sie sind meist gekennzeichnet, damit es keine Verwechslungen gibt.

Außer den Sätteln und Trensen ist auch noch das **Putzzeug** in der Sattelkammer.

Über dem Stall befindet sich gewöhnlich der **Heuboden**, auf dem auch das Stroh gelagert wird. Entweder führt eine feste Treppe hinauf, oder es wird bei Bedarf eine Leiter angestellt. Durch eine Luke wird das Heu auf die Stallgasse geworfen. Darum ist es ratsam, einen Bogen um diese Luke zu machen,

Rechts: Herzlich willkommen! — So angebunden steht ein Pferd im Ständer.

10

jedenfalls zur **Futterzeit**. Nicht immer kommt ein Warnruf, ehe die Ballen fallen.

Für den Anfang würde ich euch sowieso raten, zur Futterzeit „unsichtbar" zu werden. Man kann sich schnell unbeliebt machen, wenn man dabei im Weg steht. Später, wenn ihr im Stall heimisch seid, werdet ihr vielleicht willkommene Helfer sein.

Irgendwo im Stall steht noch die **Haferkiste**. In vielen Ställen ist sie abgeschlossen, damit nicht ein übereifriger Schüler „seinem" Pferd eine Extraportion zukommen läßt. Aber es muß ja nicht unbedingt Hafer sein, mit dem ihr „euer" Pferd verwöhnt. Es gibt auch andere Leckerbissen, über die Pferde sich freuen.

LIEBE GEHT DURCH DEN MAGEN

Pferde sind für Leckerbissen und Belohnungen sehr empfänglich. Wie bei den meisten Lebewesen geht auch bei ihnen die Liebe durch den Magen. Und warum sollte man ihnen nicht zeigen, daß man sie mag oder daß die Reitstunde schön war? Ein echter Pferdenarr hat immer etwas für seinen Liebling in der Tasche.

Mohrrüben (in manchen Gegenden auch Wurzeln genannt) werden von Pferden sehr gern genommen. Ihr müßt sie aber waschen (die Rüben, nicht die Pferde) und das Grünzeug entfernen.

Äpfel sind ebenfalls willkommen. Vor allem im Herbst, wenn es reichlich Fallobst gibt, sind sie preiswert zu haben. Sie dürfen nur nicht angefault sein. Ein paar Druckstellen schaden nicht.

Rechts: Einer der Marbacher Hengste in seiner Box

Brot darf nur verfüttert werden, wenn es ein paar Tage alt ist. Auf gar keinen Fall darf es frisch sein! Pferde können von frischem Brot krank werden oder sogar eingehen.

Um zu vermeiden, daß das Brot beim Liegen schimmelt, bewahrt ihr es am besten in einer Papiertüte auf, bis es trocken genug ist.

Ich mache es so: Ich breche das Brot in kleine Stücke und lege es (im Winter) ein paar Stunden auf die Heizung oder (im Sommer) in die Sonne. So wird es schön trocken und knackig, und Schimmel kann sich keiner bilden. Schimmeliges Brot ist Gift!

Ihr dürft auch nie Brot verfüttern, das schon bestrichen war.

Rohe **Kartoffelschalen** ohne Keime könnt ihr auch geben. Sie müssen nur frisch geschält und sehr gut gewaschen sein. Ihr dürft **nicht füttern:**

Kuchen, belegte Brote, Bonbons und **zu viel Zucker!**

Füttert niemals größere Mengen, ohne den Reitlehrer oder einen Pferdepfleger zu fragen!

Ganz egal, was ihr füttert, bietet eurem Pferd die Belohnung immer auf der **flachen Hand** an. Ihr dürft das Brot nicht mit „spitzen Fingern" reichen. Pferdeaugen sind auf weite Entfernungen eingerichtet. Was sich dicht vor ihnen befindet, erkennen sie nur schlecht. Es ist keine böse Absicht, wenn sie mal einen Finger erwischen. Fast immer hat sich dann der Mensch dumm angestellt. Zum Glück lassen die meisten Pferde sofort los, wenn sie merken, daß sie außer dem Brot noch etwas anderes im Maul haben. Fleisch mögen sie halt nicht.

Rechts: So sieht es in der Sattelkammer aus.

14

Links: Hmm, das schmeckt! — Leckerbissen von der flachen Hand anbieten. Rechts: Bitte nicht so!

Haltet eurem Pferd die flache Hand **ruhig** vor das Maul, dann kann nichts schiefgehen. Pferde nehmen nicht mit den Zähnen, sondern mit den Lippen. Das kitzelt ein bißchen, aber weh tun sie euch dabei nicht.

WAS PFERDE MIT OHREN, MAUL UND AUGEN SAGEN

Das einzige, was man gewöhnlich am Anfang von der Mimik der Pferde weiß, ist das: Pferde, die die Ohren zurücklegen, sind angriffslustig und gefährlich.
Das stimmt nur zum Teil. Allerdings sind Pferdeohren wirklich ein gutes Stimmungsbarometer. Aber

Links: Wer kommt denn da? — Ein freundliches, aufmerksames Pferd. Rechts: Laß mich in Frieden!

auch Augen, Maul und sogar der Schweif können eine Menge über die Laune des Pferdes verraten. Achtet einmal darauf.

Zeigen die **Pferdeohren** nach **vorn**, so ist euer Pferd **freundlich** gestimmt, **interessiert**, aufmerksam oder **neugierig**.

Stehen sie **steil aufrecht**, vielleicht auch zur **Seite gedreht**, dann hat etwas die Aufmerksamkeit eures Pferdes erregt.

Werden die Ohren **leicht zurückgenommen**, so deutet das auf **Vorsicht**, **Mißtrauen** oder **Angst** hin. Auf jeden Fall ist angeraten, achtsam zu sein.

Liegen die Ohren **flach** am Kopf, dann ist äußerste Vorsicht geboten. Dann wird es wirklich **gefährlich**.

17

Ein Pferd, das euch so warnt, laßt ihr besser in Ruhe.
Unter dem Reiter sind spielende Ohren, die mal nach
vorn, dann wieder zurück oder zur Seite zeigen, ein
Zeichen von Aufmerksamkeit.

Die Augen eures Pferdes blicken ruhig und freundlich, solange es durch nichts beunruhigt wird. Wenn
es sich aufregt oder Angst hat, werden auch die
Augen unruhig. Sie fangen an zu rollen. Man kann
dann das Weiße in ihnen sehen.

Steht ein Pferd mit hängender Unterlippe, so döst
(träumt) es vor sich hin. Wenn es bettelt, streckt es
die Oberlippe vor.

Aufgeregte Pferde blähen die Nüstern. Oft geben sie
auch schnarchende Geräusche oder ein Schnauben
von sich. Wenn ein Pferd wirklich angriffslustig ist,
bekommt es schmale Nüstern. Das Maul sieht dann
aus, als ob es zusammengekniffen wäre.

Ohren und Mienenspiel gehören weitgehend zusammen. Die letzte Drohung sind flach angelegte Ohren
und ein geöffnetes Maul bei zurückgezogenen Lippen.
Das Pferd zeigt „alle Zähne".

Ein ruhig hängender Schweif bedeutet ein zufriedenes Pferd.

Ärgert sich das Pferd über Fliegen oder über seinen
Reiter, so schlägt der Schweif unruhig hin und her.

Lästige Fliegen (auch die Sporen oder die Gerte des
Reiters) wollen Pferde manchmal verscheuchen.
Dann schlagen sie ein Hinterbein kurz unter den
Bauch oder ziehen es an und stampfen wütend auf
den Boden.

Ein ganz sicheres Zeichen von Unzufriedenheit ist
auch das Kopfschlagen, das heißt eine ruckartige Seit-
wärts- oder Auf- und Abbewegung.

18

Mama, ich muß dir was erzählen! − Mutter und Kind

DIE PFERDEFAMILIE

Auf eine menschliche Familie übertragen, ist: der
Hengst − der Vater, die Stute − die Mutter, das Fohlen − das Kind. Den Wallach könnte man vielleicht
als „guten Onkel" bezeichnen.
Die meisten **Fohlen** werden im Frühjahr oder im
Frühsommer geboren. Sie bleiben fünf bis sechs Monate bei der Mutter, dann werden sie **abgesetzt**. Nun
faßt man sie möglichst mit mehreren anderen Fohlen
zu einer kleinen Herde zusammen. In der Gemein-
schaft empfinden sie den Trennungsschmerz nicht so
stark.

Wenn sie ein Jahr alt sind, trennt man die Stutfohlen von den Hengstfohlen. Man spricht von **Jährlingen**. Im nächsten Jahr heißen sie **Zweijährige**.

Mit drei Jahren werden die jungen **Pferde eingeritten.** In freier Wildbahn ist es die Aufgabe des **Hengstes**, für seine Stuten und Fohlen zu sorgen und sie zu schützen. Da bei uns die Pferde nicht mehr in Freiheit leben, bleibt dem Hengst hauptsächlich eine Aufgabe. Er **deckt** die Stuten, die im nächsten Jahr ein Fohlen haben sollen.

In Reitschulen findet man ganz selten Hengste. Man kann sie nicht so problemlos im Unterricht einsetzen wie Stuten oder Wallache. Hengste sind keine „Jedermannspferde", die heute diesen und morgen jenen Reiter auf sich herumschaukeln lassen. Dazu sind sie auch zu wertvoll.

Die von der Natur bestimmte Aufgabe der **Stuten** ist es, Fohlen zu bekommen. Damit sie für den Hengst „interessant" sind, werden die Stuten in bestimmten Abständen (etwa alle drei Wochen) **rossig.** Die **Rosse** ist vom frühen Frühjahr bis in den Sommer am stärksten. In dieser Zeit werden die Stuten gedeckt (Ausnahme: Rennpferde). Sie **tragen** ihr Fohlen elf Monate, so daß diese in der warmen Jahreszeit zur Welt kommen.

Fohlen sind „Einzelkinder". Zwillingsgeburten sind sehr selten und für die Stute immer gefährlich. Sehr selten werden Fohlen-Zwillinge lebend geboren, und oft geht die Stute dabei ein.

Nicht alle Stuten sind dazu bestimmt, Fohlen zu **bringen.** Die meisten sind nur als Reitpferde im Einsatz. Rossig werden sie natürlich trotzdem. Während der Rosse muß man immer damit rechnen, daß die

Der stolze Vater

Stute „spinnt". Viele werden **kitzlig** (was beim Putzen sehr unangenehm sein kann), andere **quieken** bei jeder Gelegenheit, manche werden beim Reiten **faul** oder **aufdringlich**. Sie stellen sich breitbeinig hin und heben den Schweif oder drücken ihn zur Seite, wenn ein anderes Pferd vorbeikommt. Für jeden Hengst wäre das eine eindeutige Aufforderung — auch ein Grund, warum es so wenig Hengste in Reitschulen gibt. Die armen Kerle würden ganz schön leiden beim Anblick solcher Stuten, an die sie nicht herandürfen. Welches männliche Fohlen Hengst bleiben darf, bestimmen die Körkommissionen der Zuchtverbände. Nur die besten Tiere dürfen Vater werden. Alle anderen werden zu Wallachen degradiert.

21

Der **Wallach** ist am einfachsten zu halten und zu reiten. Er wird als Hengst geboren, aber im Alter von zwei oder drei Jahren **gelegt**. Man entfernt durch eine kleine Operation die Drüsen, die den Samen erzeugen. Dadurch sind Wallache nicht mehr in der Lage, Stuten zu decken. Für sie sind selbst rossige Stuten uninteressant. (Es gibt allerdings einige Ausnahmen. Wenn ein Wallach sehr spät gelegt wird, zeigt er manchmal **Hengstmanieren**.)

Die meisten Wallache haben ein ausgeglichenes Temperament. Sie leiden nicht unter Launen wie Stuten, und sie werden sich nicht plötzlich ihrer Männlichkeit bewußt wie ein Hengst. Darum sind die meisten Schulpferde auch Wallache.

Unabhängig vom Geschlecht bezeichnet man Pferde nach ihrer **Farbe**:

Ein **Rappe** ist ein Pferd mit schwarzem Fell und schwarzem **Langhaar** (Mähne und Schweif).

Ein **Brauner** hat hell- bis dunkelbraunes Fell und schwarzes Langhaar.

Ein **Fuchs** ist ein rötlich bis bräunliches Pferd mit gleichfarbigem oder hellerem Langhaar.

Ein **Falbe** hat ganz helles (aber nicht weißes) Fell mit dunklem Langhaar.

Ein **Isabelle** hat ein Fell wie Milchkaffee und helles Langhaar.

Ein **Schimmel** hat weißes bis graues Fell und gleichfarbiges Langhaar. Man spricht bei den Abstufungen in den Tönen von einem reinen Schimmel (ganz weiß), einem Grauschimmel, Blauschimmel, Rotschimmel, Rappschimmel usw.

Ein **Schecke** ist ein Pferd mit mindestens zwei Farben im Fell. Schimmel/Fuchs ist ein Fuchsschecke bei-

Heike Steffmeister

Bergstr. 9

4250 Bottrop

02041 / 600 56

spielsweise. Ebenso gibt es Braun- und Rapp-
schecken. Die verschiedenen Farben ziehen sich wie
bunte Felder über das ganze Fell. Die meisten
Schecken findet man unter den Ponys.

Ein weißes Haarbüschel auf der Stirn ist eine **Flocke**,
ein größeres Büschel ein **Stern**. Weißes Haar von der
Stirn bis zu den Nüstern nennt man eine **Blässe**.

Wenn ihr Pferde genau anseht, werdet ihr viele solcher Merkmale finden, an denen ihr sie bald unterscheiden könnt:

Ein besonders langer, kurzer, dicker oder dünner
Schweif — ein Stern, eine Blässe — ein weißer Fuß,
ein weißes Bein. Eines Tages genügt dann ein flüchti-
ger Blick, und ihr wißt sofort, wen ihr vor euch habt.

KLEIDER MACHEN NOCH KEINEN REITER

Vor der ersten Reitstunde stellt sich automatisch die
Frage: Was ziehe ich an?

Natürlich ist es eine feine Sache, wenn man am Beginn einer Reiter-,,Laufbahn'' richtige Reithosen und
schicke Lederstiefel bekommt. Notwendig ist es
nicht, da könnt ihr eure Eltern beruhigen.

Für die ersten Stunden braucht ihr nichts weiter als
eine bequeme Hose und festes Schuhzeug. Am besten
sind Stiefel, die den Knöchel schützen.

Bei der Wahl der **Hose** müßt ihr darauf achten, daß
die Nähte an den Innenseiten der Hosenbeine nicht
zu dick sind. Das kann unter Umständen Scheuerstel-
len an den Oberschenkeln geben, die gemein weh tun.
Wenn ihr eine gut sitzende, nicht zu enge **Trainings-
hose** habt, nehmt die.

Cordhosen haben sich bei mir auch gut bewährt. Der Cord haftet prima am Sattel. Die Hosenbeine dürfen nur nicht zuviel Schlag haben.

Natürlich könnt ihr auch in **Jeans** reiten. Nur denjenigen unter euch, die eine empfindliche Haut haben, möchte ich davon abraten. Wenn der Jeansstoff hart ist, kann er die Oberschenkel aufreiben.

Wenn ihr keine Stiefel habt, könnt ihr die Hosenbeine trotzdem am Hochrutschen hindern. Näht euch an die unteren Enden breite Stege (z. B. aus weichem Gummi), die unter der Fußsohle liegen, wenn ihr die Hose anhabt. Dann sitzt sie immer.

Wenn eure Eltern es erlauben oder wenn ihr es euch selber vom Taschengeld leisten könnt, kauft euch **Gummireitstiefel**. Sie kosten 30,— bis 40,— DM (Lederstiefel sind viel teurer) und geben Fuß und Bein den nötigen Halt. Außerdem halten dann auch die Hosen länger, weil der Stiefel schützt.

Beim Stiefelkauf zieht ihr am besten eure dicksten Socken an. Achtet darauf, daß die Stiefel ein bis zwei Nummern größer sind als normale Schuhe. Im Winter werdet ihr froh sein, wenn ihr zwei paar Strümpfe anziehen könnt, ohne euch die Zehen einzuklemmen. Reithallen sind verdammt kalt, von freien Plätzen ganz zu schweigen.

Zu den Stiefeln kauft ihr euch (sofern möglich) gleich einen **Stiefelknecht** dazu. Wenn ihr einmal probiert habt, an einem heißen Sommertag die Gummistiefel auszuziehen, dann wißt ihr warum. Die Dinger kleben wie Pech am Fuß. Ein Stiefelknecht kostet nur ein paar Mark.

Wenn ihr in Jeans oder Cordhosen reitet, steckt ihr die Hosenbeine am besten in die Stiefel hinein. Zieht das Hosenbein straff nach vorne und schlagt es nach außen um. Darüber zieht ihr den Socken. Dann könnt ihr ohne Schwierigkeiten in die Stiefel rutschen, ohne daß das Hosenbein unliebsame Falten schlägt. Die Hose sitzt relativ straff, ohne zu spannen, und liegt vor allem am Knie glatt an.

Wichtig ist, daß ihr die Hosenbeine nach außen umschlagt. Wenn die ganze Stoffmenge innen am Bein liegt, drückt das unangenehm beim Reiten.

Noch etwas solltet ihr euch beizeiten anschaffen (es muß nicht für die erste Stunde sein): eine **Reitkappe mit fester, sturzsicherer Einlage.** Sie bietet einen wirksamen Schutz bei einer unfreiwilligen „Trennung" vom Pferd. Vor allem im Freien. Es ist absolut keine Angabe, wenn jemand mit Kappe reitet, sondern vernünftige Vorsicht.

Falls ihr eure Ausrüstung vervollständigen wollt, so kauft euch noch eine **Reitgerte** (keine Sporen!). Die Gerte sollte nicht länger als einen Meter sein und nicht kürzer als achtzig Zentimeter.

Zieht zum Reiten keine zu weiten Pullover oder Blusen an. Der Reitlehrer kann Haltungs- und Sitzfehler leichter korrigieren, wenn er sie sofort erkennen kann.

Sollte eine gute Fee euch eines Tages zu „vollem Staat" verhelfen, so müßt ihr wissen:

Lederstiefel sind am Anfang sehr unbequem und steif. Sie sollen einen langen Schaft haben, aber nicht mit der Kante in die Kniekehle stoßen. Auch wenn der Verkäufer das Gegenteil behauptet. In den Schäften dürfen sie nicht so eng sein, daß ihr das Gefühl habt, die Waden wären eingeklemmt. Auch die Füße müssen genug „Luft" haben.

Stiefel muß man einlaufen. Ich ziehe sie ein paar Tage in der Wohnung an und laufe damit herum, ehe ich aufs Pferd steige. Dann ist die allererste Steifheit weg. Bis sie aber richtig bequem sind, vergeht meist eine Weile.

Lederstiefel sollen ein paar Jahre halten. Sie brauchen regelmäßige und gründliche Pflege, sonst werden sie brüchig.

Wenn sie zu kurz werden (z. B. weil ihr wachst), kann man die Schäfte mit **Stulpen** verlängern lassen.

Reithosen gibt es in allen möglichen Farben, mit und ohne Taschen, weit und hauteng.

Hosen mit Taschen haben den Vorteil, daß man immer ein Stück Brot oder Zucker bei sich haben kann, auch Schlüssel oder ein Taschentuch. Die anderen Hosen dagegen sitzen mehr auf „Figur" und sind vielleicht schicker, aber lange nicht so praktisch.

Geht mit Hose und Stiefeln ruhig ungeniert in die Knie. Wenn dann nichts drückt und zwickt, sollte euer neuer Staat eigentlich passen.

Übrigens: Dunkle Hosen haben den Vorteil, daß man nicht jeden Spritzer darauf sieht. Wer sich im Stall herumtreibt, wird leicht schmutzig. Vor allem beim **Pferdeputzen**.

REINLICHKEIT IST EINE ZIER: DAS PUTZEN

Wenn ihr die Pferde näher kennenlernen wollt, müßt ihr euch mit ihnen beschäftigen. Nicht nur während der Reitstunden. In einigen Reitschulen ist es Brauch, daß man das zugeteilte Pferd vor der Stunde selber putzt. Es ist ein guter Brauch.

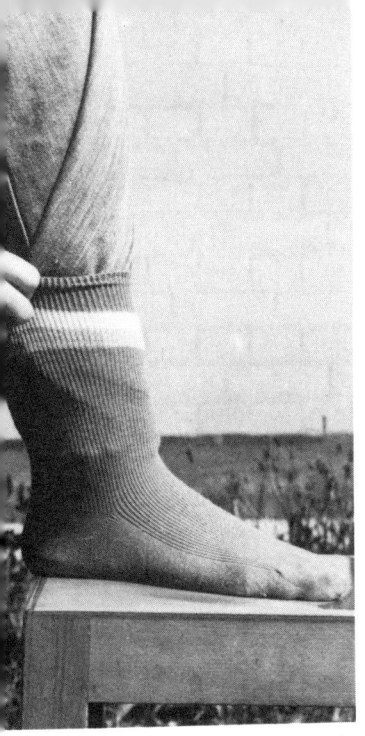

Links: Das Hosenbein nach außen umschlagen. Rechts:
„Handwerkszeug" — Was man so braucht

Beim Putzen lernt man am schnellsten, mit Pferden
umzugehen. Man lernt ihre Eigenarten kennen und
gewinnt Vertrauen zu ihnen. Je intensiver der
Kontakt zwischen Pferd und Reiter ist, desto besser
klappt es im Unterricht. Reiten heißt ja nicht nur,
sich aufs gesattelte Pferd zu setzen.

Wenn man euch also gleich zu Beginn das Putzzeug in
die Hand drückt, dann seid nicht ärgerlich über diese
„Zumutung". Freut euch über die Gelegenheit, euer
„Pferdewissen" zu erweitern.

Unter **Putzzeug** versteht man im allgemeinen Striegel
und **Kardätsche**. Es gehört aber noch mehr dazu,
mindestens eine **Wurzelbürste**, ein weicher **Lappen**
und ein **Hufkratzer**.

27

Der **Striegel** ist ein Oval aus Metall oder Gummi (Gummi ist besser). Er ist in erster Linie dazu da, daß man die Kardätsche an ihm saubermacht. Außerdem benutzt man ihn, um den groben Schmutz zu entfernen. Im Frühjahr, wenn die Pferde das Winterfell verlieren, nimmt man den Striegel, um die losen Haare schneller zu entfernen.

Die **Kardätsche** ist eine Bürste, die über dem Rücken ein breites Band hat, unter das man die Hand schieben kann (sofern es auch heil ist!). So hat man sie besser im Griff. Kardätschen sind meist recht groß. Mit der Kardätsche bürstet man den Staub aus dem Fell. Je fester sie ist, desto besser geht es.

Die **Wurzelbürste** eignet sich hervorragend, um Mähne und Schweif durchzubürsten. Außerdem kann man damit auch die Hufe abbürsten.

Mit dem **Lappen** wird der Kopf (das Gesicht) gesäubert und das ganze Pferd noch einmal poliert.

Mit dem **Hufkratzer** entfernt man den Mist, der sich durch das Stehen im Stall in den Hufen festsetzt.

Bevor ihr eurem Pferd mit Striegel und Kardätsche zu Leibe rückt, seht bitte anderen Reitern auf die Finger. Noch besser laßt ihr euch das Putzen vom Reitlehrer oder einem erfahrenen „Mitschüler" zeigen!

Einmal richtig schauen ist besser als drei Seiten schriftlicher Erklärungen, die ihr wahrscheinlich doch vergessen habt, wenn ihr neben dem Pferd steht. Überhaupt solltet ihr euch alles, was für euch neu ist, zeigen lassen. Das prägt sich am besten ein, ob es sich nun um Putzen, Satteln oder Aufsitzen handelt.

Beobachtet die Reiter, die mehr Erfahrung haben, bei jeder Gelegenheit. Man nennt das „mit den Augen stehlen". Es hilft, sich schnell zurechtzufinden.

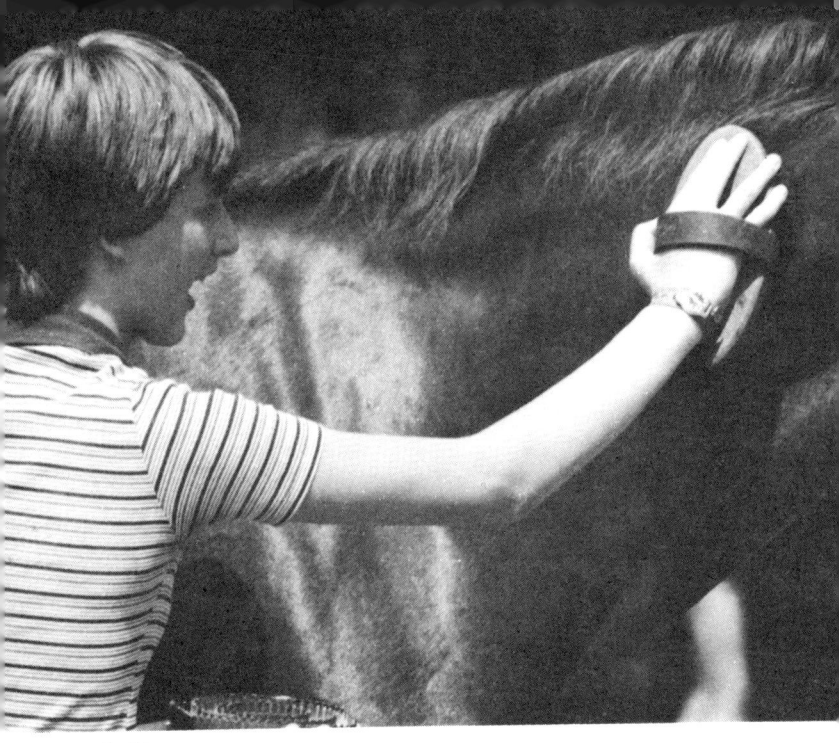

Am Hals fängt man an.

Ehe ihr zu eurem Pferd in den Ständer geht, ruft es von der Stallgasse her an, damit es weiß, daß jemand kommt. Niemals vergessen! Pferde sind schreckhaft und manche feuern nach hinten aus, wenn man sie unvermutet anfaßt. Also noch einmal. Pferd anrufen: „Ho-la!" oder: „Ho-ho!" oder auch: „Geh rum!" Sprecht mit tiefer Stimme, das mögen Pferde gern.

Wenn das Pferd auf eure Aufforderung nach rechts zur Seite tritt, geht ihr an seiner linken Seite entlang nach vorn zum Kopf. Man beginnt mit dem Putzen immer vorn am Hals.

Putzen ist Übungssache. Je häufiger man es tut, desto schneller geht es und desto leichter kommt es einem vor. Wundert euch nicht, wenn ihr die ersten Male ins

Schwitzen kommt! Ein bißchen Kraft gehört schon dazu.

So, nun steht ihr also an der linken Schulter des zukünftigen Lehrers. Ich sage absichtlich Lehrer. Eure Schulpferde werden euch eine Menge beibringen.

Wenn ihr die linke Seite putzt, gehört die Kardätsche in die linke, der Striegel in die rechte Hand. Auf der rechten Seite ist es umgekehrt. Die Kardätsche soll immer in der Hand sein, die zum Kopf zeigt.

Führt die Kardätsche mit dem **Haarstrich** am Pferdeleib entlang und **streift** sie dann am Striegel **ab**, indem ihr fest darüberstreicht.

Je länger die Bewegung, der **Strich**, dabei ist, desto besser. Das Putzen und das Abstreifen gehen ineinander über und werden mit der Zeit zu einer einzigen Bewegung.

Beginnt mit dem Putzen immer am Hals und arbeitet euch nach hinten. Etwa in dieser Reihenfolge: Hals, Schulter, Vorderbein, Rücken, Bauch, Flanke, Kruppe, Hinterbein. Denkt daran, daß ihr mit dem Haarstrich bürstet, dann ergibt sich diese Reihenfolge von selbst.

Wenn euer Pferd sehr schmutzig ist oder dicke Schweißränder aufweist, beispielsweie in der **Sattellage**, dann benutzt ihr den Striegel. Führt ihn mit kreisenden Bewegungen über den Pferdeleib und versucht dabei, ihn **gleichmäßig** fest aufzudrücken. Ihr dürft nicht mit einer Kante kratzen.

Den Striegel dürft ihr nur dort benutzen, wo das Pferd durch Muskeln und Fleisch gepolstert ist. Auf gar keinen Fall am Kopf und an den Beinen!

Mit der Kardätsche bürstet ihr anschließend das vom Striegeln aufgerauhte Fell wieder glatt. Vergeßt aber

 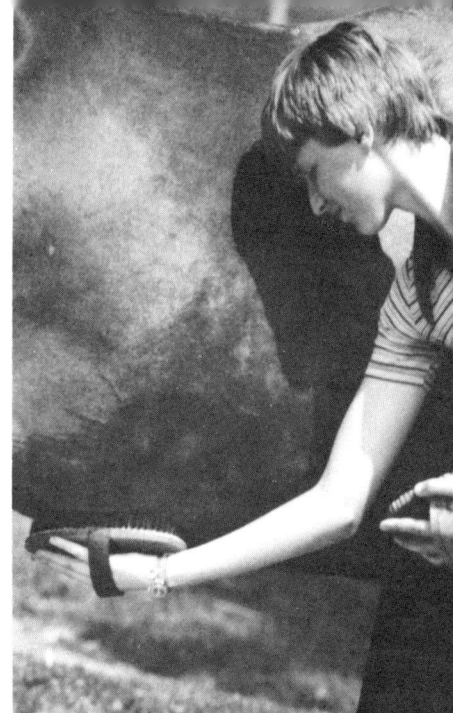

Links: Mit der Kardätsche übers Vorderbein. Rechts: Auch der Bauch muß geputzt werden.

nicht, sie zwischendurch immer mal am Striegel abzustreifen. Den Striegel klopft ihr auf der Stallgasse (oder an der Wand, wenn es erlaubt ist) ab, und zwar mit der ganzen Fläche. Wenn ihr es richtig macht, könnt ihr hinterher den herausgefallenen Schmutz in schönen Ovalen auf der Stallgasse liegen sehen.

Solltet ihr euer Pferd schon beim erstenmal einigermaßen sauber geputzt haben, dürft ihr ruhig stolz sein. So leicht, wie es bei anderen aussieht, ist es wirklich nicht.

Den **Kopf** säubert ihr am besten mit dem Lappen oder einer sehr weichen Bürste. Viele Pferde schätzen das gar nicht und nehmen den Kopf so hoch, daß man nicht mehr herankann. Man kann sie zwingen, den Kopf herunterzunehmen, indem man sie am Halfter festhält. Aber macht euch nichts daraus, wenn es nicht gelingt. Es gibt Pferde, die schon ein ganz graues Gesicht haben, weil sie sich erfolgreich weigern, sich dort putzen zu lassen. Trotzdem solltet ihr es immer versuchen, ob es euch nicht doch gelingt, das Tier zu überlisten.

Mit der Wurzelbürste geht ihr zuletzt noch über Mähne und Schweif. Legt eine Hand auf den **Mähnenkamm** (das ist dort, wo die Mähne aus dem Hals herauswächst) und bürstet die Haare mit der anderen durch. Dann ziept es nicht, und das Pferd ärgert sich nicht.

Auch beim Schweif müßt ihr aufpassen. Eine Hand muß ihn dicht unter der **Schweifrübe** (das obere, feste Stück) zusammenhalten, während die andere bürstet. Haare, die ihr beim Putzen auszieht, brauchen verflixt lange, bis sie nachgewachsen sind!

Als letztes putzt ihr die Hufe. Die untere Seite (unserer Fußsohle vergleichbar) steht immer im Stroh (oder auch Sägemehl), oft auch im Mist. Wenn der nicht regelmäßig entfernt wird, bilden sich Bakterien. Der Huf, oder richtiger der **Strahl**, fängt an zu faulen. Das Pferd kann nicht mehr richtig auftreten und hat starke Schmerzen. Eine ordentliche und regelmäßige Hufpflege ist unheimlich wichtig und sollte jedem Reiter so selbstverständlich werden wie das Zähneputzen.

Schulpferde wissen, daß ihnen **vor** und **nach** der Stunde die Hufe aufgenommen werden. Viele heben die Beine freiwillig. Trotzdem solltet ihr folgendes beachten:

Niemals sofort an den Huf fassen! Ihr müßt auch beim sanftesten Pferd damit rechnen, daß es vor sich

Striche putzen – 20 Striche, ein stolzes Ergebnis

hinträumt und erschrickt, wenn ihr es unvermutet anfaßt. Im schlimmsten Fall findet ihr euch dann auf der Stallgasse wieder.

Um das Vorderbein aufzunehmen, stellt ihr euch so neben das Pferd, daß ihr zum Schweif blickt. Legt eine Hand auf die Schulter (auf der linken Seite die linke, auf der rechten Seite die rechte) und laßt sie am Bein heruntergleiten bis zur **Fessel**. Dazu sagt ihr energisch: „Fuß!" Das genügt bei den meisten Pferden. Sie verteilen ihr Gewicht auf die anderen drei Beine, so daß ihr das vierte ohne Schwierigkeiten hochnehmen könnt.

Beim Hinterfuß verfahrt ihr ähnlich. Die Hand gleitet von der **Kruppe** am Bein herab. Nehmt das Hinter-

33

Links: So gleitet die Hand zum Huf . . . Rechts: . . . dann klappt es auch. — Aufnehmen des Vorderbeins

bein hoch und zieht es nach hinten. Am besten schiebt ihr euer Knie darunter.

Mit dem Hufkratzer säubert ihr die Unterseite des Hufes. Der Schmutz, der sich zwischen **Strahl** und Eisen festgesetzt hat, muß entfernt werden. In der Mitte und an den Seiten des Strahls befinden sich die **Strahlfurchen.** Das sind Vertiefungen, die ebenfalls sorgfältig gereinigt werden müssen. Der Hufkratzer hat eine abgestumpfte Spitze, mit der man den Dreck herauskratzen kann.

Anschließend setzt ihr das Bein wieder auf die Erde. Laßt es nicht einfach los! Es könnte passieren, daß euer Pferd euch aus Versehen mit dem Eisen streift. Die Hufe aufzunehmen ist zuerst eine

34

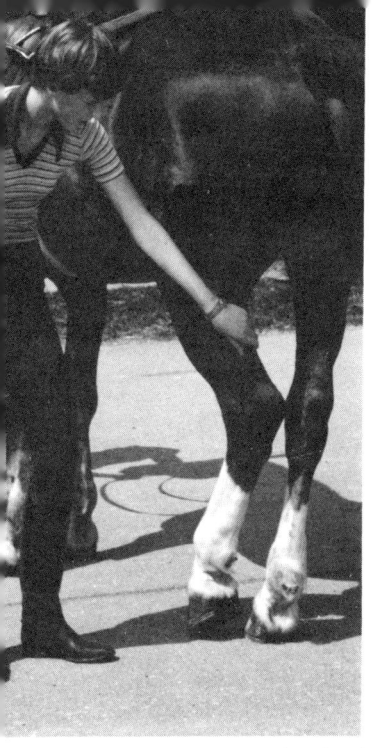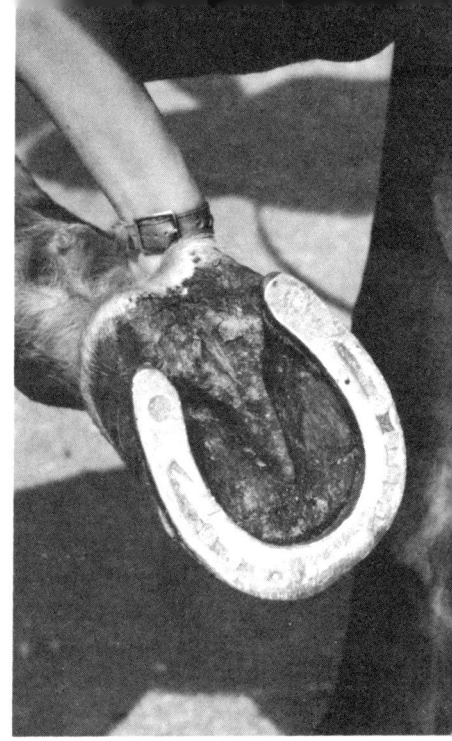

Links: Auch hinten nicht gleich zum Huf fassen. Rechts: Ein sauber ausgekratzter Huf

Sache, die einem mehr oder weniger unangenehm ist. Das ist ganz natürlich, und ebenso natürlich gibt sich dieses Unbehagen mit der Zeit. Auch an den Geruch von länger nicht entferntem Mist, den manche Hufe verbreiten, gewöhnt man sich schnell.

Wenn ihr meint, mit dem Putzen fertig zu sein, kontrolliert noch einmal folgende Stellen, an denen oft Schmutz sitzt und die leicht vergessen werden: die Sattellage — muß unbedingt ganz glatt sein, sonst gibt es Druckstellen vom Sattel; zwischen den Vorderbeinen an der Brust; an den Ellenbogen — das ist der oberste Knochen am Vorderbein; unter dem Bauch; an den Sprunggelenken.

Wenn ein Pferd unruhig ist, legt man eine Hand leicht auf den Widerrist.

Die sicherste Methode festzustellen, ob noch irgendwo ein Schmutzrest sitzt, ist, mit der Hand über das
Fell zu streichen. Dann fühlt man jede Unebenheit –
und Unebenheiten bedeuten (fast) immer Dreck.
Übrigens: Geputzt wird immer zuerst die linke, dann
die rechte Seite. Ihr müßt also das Pferd herumtreten
lassen, wenn ihr die Seite wechselt. Entweder vom
Stallgang her oder von vorn. Dazu müßt ihr unter
dem Hals auf die andere Seite „tauchen".

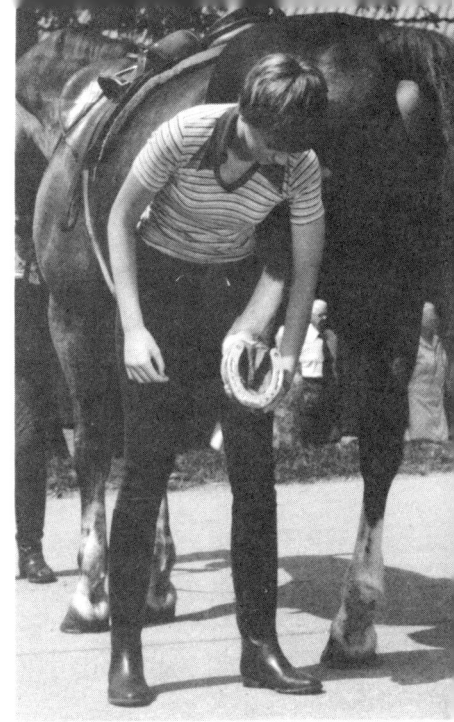

Links: Nun stell dich nicht so an! Wegziehen des Beines.
Rechts: Man muß sich am Schenkel abstützen.

WAS MACHT MAN, WENN . . . PUTZEN 2. Teil

. . . wenn ein Pferd auf Anruf nicht herumtritt?
Bei vielen Pferden genügt es leider nicht, daß man sie
freundlich auffordert: „Geh rum!" Sie bleiben bock-
steif stehen. Einige machen sich sogar ordentlich
breit.
Laßt euch davon nicht gleich ins Bockshorn jagen.
Bei den meisten ist es reine Angabe. Pferde, die gefährlich werden können, teilt man keinem Anfänger zu.
Geht einen Schritt nach links, so daß ihr schräg hinter dem Pferd steht. Wiederholt den Befehl möglichst
energisch und laut. Gleichzeitig legt ihr eine Hand auf

die Hinterhand und drückt gegen den Pferdeschenkel. In fünfundneunzig von hundert Fällen gibt das Pferd nach. Ihr dürft nur nie vergessen, daß erst das Kommando und dann die Berührung kommen müssen.

Hebt das Pferd auf diese „Behandlung" nur warnend ein Bein, dann spielt nicht den Helden. Sucht jemanden, der sich auskennt und der helfen kann. Das ist im Zweifelsfall immer noch das beste.

... wenn ein Pferd beim Putzen unruhig ist?

Gegen Herumtreten hilft (vor allem bei Boxenpferden) ganz kurzes Anbinden. Außerdem ist es immer gut, mit dem Pferd zu sprechen. Ich erzähle meinen oft ganze Romane. Das Sprechen lenkt ab und beruhigt (auch den, der putzt). Ihr könnt auch murmeln oder pfeifen, das hat dieselbe Wirkung.

Hin und wieder nützt es auch, wenn ihr kräftig schimpft. Ständiges Anschreien hilft dagegen auf die Dauer nicht. Geht beim Putzen immer so nahe wie möglich ans Pferd heran. Je dichter ihr „am Mann" seid, desto weniger wird es versuchen, Unsinn zu machen. Es spürt die Überlegenheit — selbst wenn ihr innerlich gar nicht so überlegen sein solltet.

Bei unruhigen Pferden ist es manchmal gut, eine Hand auf dem Rücken oder der Kruppe liegen zu lassen, während die andere Striegel oder Kardätsche führt. Das ist viel sicherer, als aus einem Meter Entfernung mit langem Arm zu putzen.

... wenn ein Pferd die Hufe nicht gibt?

Ein Pferd, das sich weigert, die Hufe herzugeben, muß man überlisten. Mit Kraft allein kommt ihr nicht weiter. Umfaßt mit beiden Händen das betreffende Bein (natürlich unten am Huf, Einleitung wie gehabt) und stemmt euch mit der Schulter gegen die Pferde-

38

schulter (bzw. Kruppe). In den meisten Fällen versucht das Pferd dem Druck auszuweichen. Es verlagert das Gleichgewicht oder tritt zur Seite. In dem Moment könnt ihr das Bein leicht hochnehmen. Auch dazu gehört das „Fuß".

. . . wenn ein Pferd das Bein nicht stillhält?

Manche Pferde haben die dumme Angewohnheit, ihr Bein mit einem plötzlichen Ruck wegzuziehen. In dem Fall schiebt ihr euer Knie unter das Pferdebein oder den Huf. Dann habt ihr das Bein besser im Griff. Je höher ihr das Vorderbein hochnehmt und je weiter ihr das Hinterbein nach hinten herauszieht, desto weniger kann euer Pferd machen. Wenn ihr euch zusätzlich noch gegen den Pferdeschenkel lehnt, könnt ihr einen Ruck mit eurem ganzen Gewicht abfangen. Seht einmal zu, wie der Schmied es macht. In euren Stall kommt sicher mal einer.

. . . wenn der Schweif verklebt ist?

Manche Pferdeschweife sind so verklebt, daß man die Strähnen mit der Bürste allein nicht auseinanderbekommt. In dem Fall müßt ihr den Schweif verlesen. Die Haare müssen einzeln voneinander getrennt werden. Es ist eine langwierige Arbeit, aber sie macht Spaß, weil man nachher sieht, wie herrlich locker der Schweif fällt. Zum Verlesen nehmt ihr den ganzen Schweif in die linke Hand (stellt euch etwas seitlich, nicht direkt hinter das Pferd) und löst mit der rechten Hand die verklebten Haare, indem ihr eines nach dem anderen (oder auch mehrere auf einmal) löst. Das hat mit „ausziehen" nichts zu tun. Verwechselt das bloß nicht, sonst kommt ihr in Teufels Küche! Der Schweif seines Pferdes gehört zum Stolz jedes Reiters. Von Zeit zu Zeit muß der Schweif gewaschen werden, aber ob ihr dazu in eurer Reitschule Gelegenheit habt, ist fraglich.

Zum Waschen braucht ihr einen Eimer lauwarmes Wasser mit aufgelöstem Haarshampoo. Der Schweif wird bis an die Rübe hineingetaucht und darin gewaschen. Hinterher müßt ihr sehr gut (mehrmals) spülen, damit kein Shampoo zurückbleibt und eventuell Entzündungen an der Schweifrübe verursacht.

... wenn die Hufe sehr schmutzig sind?

Auch die Hufe müssen von Zeit zu Zeit gewaschen werden, damit sie nicht austrocknen. Am einfachsten ist es bei warmem Wetter, wenn man die Pferde im Freien anbinden kann.

Die Hufe werden gut „eingeweicht" und mit einer festen Wurzelbürste vom Schmutz befreit. Keine Drahtbürste benutzen. Sie würde die empfindliche Hornschicht der Hufe verletzen.

Nach dem Waschen müssen die Hufe trocknen und dann eingefettet werden. Es gibt dazu ein spezielles Huffett, das man außen auf die Hufwand aufträgt.

Übrigens: Bevor ihr ein Pferd im Freien anbindet, erkundigt euch, ob ihr das dürft. Es gibt Pferde, die sich immer wieder losreißen.

WIE MAN SICH IM STALL VERSTÄNDLICH MACHT

Reiter haben für alles spezielle Ausdrücke. Besonders, wenn sie merken, daß ihnen ein Anfänger staunend zuhört, werfen sie mit Fachaudrücken oder Erlebnissen nur so um sich. Plötzlich werden Hindernisse doppelt so hoch, Ritte doppelt so schnell, Pferde doppelt so gefährlich.

Laßt euch weder von den fremden Ausdrücken noch von den „Heldentaten" eurer Kollegen beeindrucken. Je auffälliger einer sein Wissen und Können herausstreicht, desto weniger steckt meist dahinter. Theorie und Praxis sind zweierlei! Die Reiter, die euch Fachausdrücke an den Kopf werfen, haben diese oft gerade erst gelernt.

Damit ihr nicht gar so ahnungslos dasteht, will ich euch eine kleine Einführung geben:

Ein Pferd hat keine Schnauze wie ein Hund, sondern ein **Maul**.

Es hat auch keine Nasenlöcher, sondern **Nüstern**.

Was hinten herunterhängt, ist kein Schwanz, sondern ein **Schweif**.

Es hat am Hals keine Haare, sondern eine **Mähne**.

Wo der Hals in den Rücken übergeht, ist kein Huppel, sondern der **Widerrist**.

Die Fläche oberhalb des Schweifs ist nicht mehr Rücken, sondern die **Kruppe**.

Pferde sind im Stall mit dem **Halfter** angebunden.

Beim Reiten tragen sie am Kopf eine **Trense**.

Im Maul haben sie dabei kein Stück Eisen, sondern das **Gebiß**.

Sie werden auch nicht mit einem Stock angetrieben, sondern mit einer **Gerte**.

Die Steigbügel werden schlicht **Bügel** genannt.

Der **Reiter** hat keinen Hintern, sondern ein vornehmes Gesäß.

Er hat auch keinen Rücken, sondern ein **Kreuz**.

Das Bein unterteilt er in **Oberschenkel** und (**Unter-**) **Schenkel**.

Die Zügel hat er nicht in den Händen, sondern in den **Fäusten**.

Ein Reiter steigt nicht aufs Pferd, er **sitzt auf** – genau wie er nicht absteigt, sondern **absitzt**.

Er reitet in der Halle nicht an der Wand entlang, sondern an der **Bande**.

Er folgt dabei auch nicht einer Spur, sondern dem **Hufschlag**.

Er reitet keinen Kreis, sondern einen **Zirkel**.

Er rechnet nicht in Metern, sondern in **Schritt** oder **Pferdelängen**.

Reiter fallen auch nicht vom Pferd, sie **steigen aus**.

Beim Springen werfen sie nicht eine Stange ab, sondern sie **machen einen Klotz**.

Reiter haben auch besondere Bräuche. Wenn sie etwas verkehrt machen und sich dabei erwischen lassen, müssen sie (wenigstens die Erwachsenen) eine **Runde** ausgeben. Sie müssen für jeden Mitreiter ein Bier (Cola, Schnaps usw.) ausgeben. Je nachdem, was sie beim Prosten sagen, müssen alle Reiter ihr Glas in einer bestimmten Hand halten. **Prost** – Hand beliebig; **Prost Reiter** – Glas in die linke Hand; **Prost Reiter zu Pferde** – Glas in die rechte Hand. Jedes falsche Anfassen kostet eine weitere Runde.

Diese „Regelung" mit den Gläsern hat einen ganz konkreten Grund. Bei „Prost Reiter" wird davon ausgegangen, daß der Reiter neben seinem Pferd steht, die rechte Hand also am Zügel hat. Bleibt zum Trinken nur die linke, klarer Fall. Wenn man dagegen auf dem Pferd sitzt (Prost Reiter zu Pferde), ist die linke Hand die Zügelhand. Folglich muß das Glas in der rechten gehalten werden.

„Bestraft" wird übrigens auch:

Wenn ein Pferd noch in der Bahn Stroh im Schweif hat. Wenn eine falsche Bahnfigur geritten wird. Wenn jemand absitzt, ehe das Kommando dazu gegeben wird. Wenn man sich von seinem Pferd „trennt", also aussteigt. Wenn man (im Gelände) den führenden Reiter überholt. Wenn jemand falsche Ausdrücke (Schwanz statt Schweif) benutzt.

Ich weiß nicht, wie es bei euch im Stall Sitte ist. Für die meisten Erwachsenen kann eine Reitstunde jedenfalls ganz schön teuer werden, wenn sie sich nicht ein bißchen merken, welche „Vergehen" mit einer Runde bestraft werden.

DER „ANZUG" DER PFERDE: SÄTTEL UND TRENSEN

Jeder Sattel und jede Trense sollten in der Sattelkammer ihren festen Platz haben, damit es keine Verwechslungen geben kann. Nicht jeder Sattel paßt auf jeden Pferderücken. Ein falscher Sattel kann böse Druckstellen, **Satteldruck**, hinterlassen. Eine falsch verschnallte Trense kann schuld sein an blutenden Maulwinkeln.

In manchen Ställen werden die Sättel nur unter Aufsicht eines Pflegers oder Reitlehrers herausgegeben. In anderen sind die Sattelböcke gekennzeichnet, vielfach auch die Sättel und Trensen beschriftet. Darüber hinaus kann jeder Reiter dazu beitragen, Verwechslungen zu vermeiden.

Achtet immer genau darauf, von welchem Platz ihr den Sattel wegnehmt. Nur dort gehört er nach der Stunde wieder hin.

Schaut den jeweiligen Sattel genau an. Fast immer unterscheidet er sich durch irgendeine Kleinigkeit von anderen Sätteln.

Diese Kleinigkeit kann eine aufgeplatzte und frisch vernähte Naht sein, eine besondere Färbung des Leders, ein paar zusätzliche Ringe, ein außergewöhnlicher Gurt, eine auffällige Satteldecke usw. Wenn ihr euch diese Besonderheiten einprägt, könnt ihr bald alle Sättel auseinanderhalten, auch ohne Namensschild.

Mit den Trensen verhält es sich genauso. Auch sie unterscheiden sich voneinander: durch die Art des Gebisses, durch verschiedene Zügel, durch andersfarbige Stirnbänder, durch die Art des eingeschnallten Reithalfters. Ein bißchen guter Wille und Aufmerksamkeit, und nichts geht schief.

Sattel und Trense brauchen, wie alles Lederzeug, regelmäßige Pflege. Häufiges Reinigen mit Sattelseife und anschließendes Einreiben mit Lederfett erhöhen die Haltbarkeit um ein paar Jahre. Ich komme noch darauf zurück.

AUFTRENSEN UND SATTELN

Das richtige, selbständige Auftrensen und Satteln gehört ebenso wie das Putzen zur Reitstunde. Auch hierfür gilt: zeigen lassen, zuschauen, probieren.

Bevor ihr den Sattel vom Bock nehmt, überprüft am besten, ob der Gurt übergeschlagen ist und die Bügel hochgeschoben sind. Baumelnde Bügel und hängender Gurt stören beim Satteln. Nicht nur das Pferd, auch den Reiter, weil sie ständig im Weg sind.

Faßt mit dem rechten Arm so unter den Sattel, daß der hintere Rand zum Ellenbogen zeigt. Aus dieser Lage könnt ihr ihn am besten aufs Pferd heben.

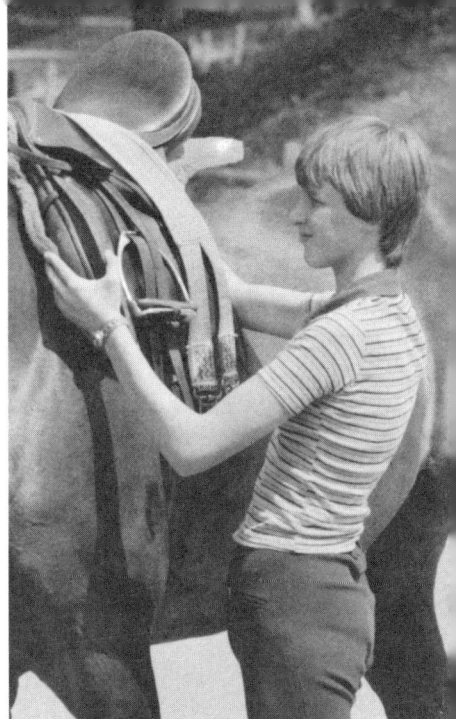

Links: Na, dann wollen wir mal! Rechts: Sanft auflegen, bitte . . .

Die Trense hängt ihr euch beim „Transport" so über die Schulter, daß das Zügelende zusammen mit dem Genickstück auf der Schulter ruht und der Stirnriemen seitlich über dem Oberarm liegt. So kommt nichts durcheinander, und kein Riemen wird eingeklemmt.

Gesattelt wird von links. Die linke Hand faßt von vorne in die Kammer, die rechte wird unter die rechte Sattelhälfte geschoben. So verhindert ihr, daß sich die Satteldecke umbiegen oder einrollen kann.

Laßt den Sattel sanft und vorsichtig auf den Pferderücken gleiten. Bitte nicht einfach draufknallen.

Legt ihn zuerst so auf, daß er vorne über den Widerrist reicht. Anschließend zieht ihr ihn nach hinten

45

. . . und dann nach hinten ziehen.

(mit dem Haarstrich!), bis er die richtige Lage erreicht hat.

Geht vorne ums Pferd herum und laßt auf der rechten Seite den Gurt herab. Laßt ihn nicht einfach von
links hinunterrutschen. Er schlägt dem Pferd unangenehm gegen die Beine.

Geht zurück auf die linke Seite und „angelt" euch
den Gurt. Zieht ihn durch den Ledersteg an der Satteldecke, sofern einer da ist. Der Steg verhindert, daß
sich die Satteldecke verschiebt.

Klappt das **Sattelblatt** hoch und schnallt den Gurt in
den **ersten** und den **dritten** Lederriemen. Manche Reiter sagen auch **Strupfen** dazu. Der mittlere Riemen
ist nur Reserve.

46

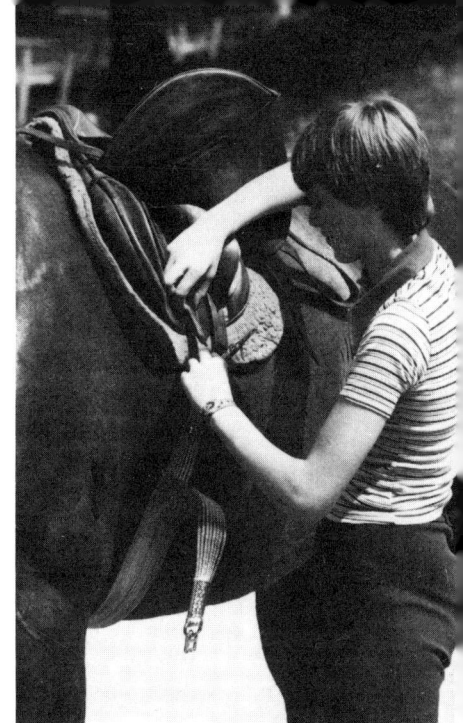

Links: Nun noch den Gurt ... Rechts: ... einschnallen.

Man kann zwar auch die Sattellage damit korrigieren, aber das ist ein Thema für sich.

Im Stall wird nur locker angegurtet. Festgezogen wird der Gurt erst kurz vor dem Aufsitzen.

Satteln ist Übungs- und Gefühlssache. Als Probe könnt ihr euch merken: Der Sattel liegt richtig, wenn zwischen Widerrist und Satteldecke noch Luft ist. Ein Paar Finger sollten dazwischenpassen.

Der Sattel liegt richtig, wenn die **Pauschen** etwa an der Schulter liegen. Das gilt für die in den Reitschulen verwendeten Vielseitigkeitssättel.

Der Sattel liegt richtig, wenn ihr zwischen Gurt und (senkrecht stehendes) Vorderbein eine Hand legen könnt.

47

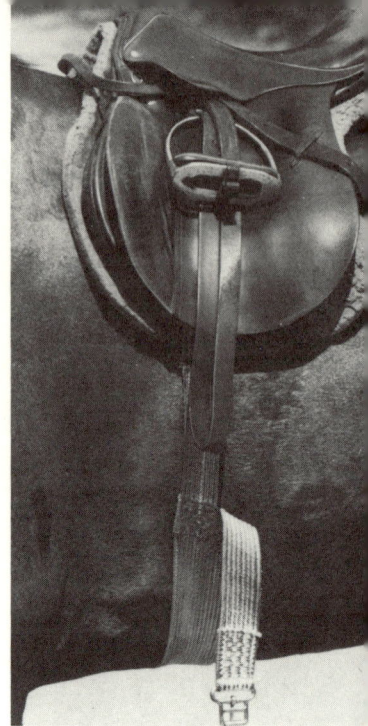

*Links: Nicht so weit nach vorn! Rechts: Aber auch nicht zu
weit zurück!*

Bevor ihr eurem Pferd die Trense überstreift (auch
von links), müßt ihr das Halfter abnehmen. Sicher-
heitshalber legt ihr das Halfter aber um den Hals und
schließt die Schnalle. Dann habt ihr den Pferdekopf
frei für die Trense, und trotzdem kann euer Pferd
nicht plötzlich rückwärts auf die Stallgasse gehen.
Zuallererst legt ihr die Zügel auf den Hals. Dabei
müßt ihr darauf achten, daß sie nicht etwa über
Kreuz liegen. Dann greift ihr mit der rechten Hand
von unten um die Pferdenase herum und faßt die
Trense zwischen Nasen- und Stirnriemen an den
Backenstücken.
Die linke Hand hält das Gebiß und schiebt es in das
Maul. Der linke Daumen tritt nur in Aktion, wenn

48

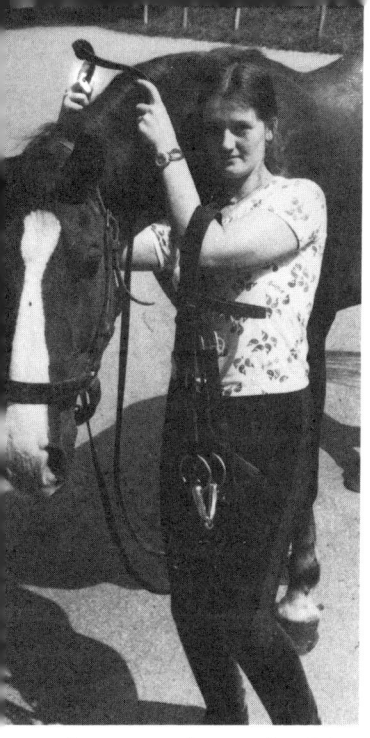

Links: Zuerst die Zügel auf den Hals. Rechts: So kann er nicht ausrücken. — Die Hand gehört auf das Nasenbein.

das Pferd sich weigert, das Maul zu öffnen. Dann drückt ihr den Daumen in den Maulwinkel, während eure Finger gleichzeitig das Gebiß einschieben.

Anschließend zieht ihr das Genickstück über die Ohren, erst übers rechte, dann übers linke.

Nun müßt ihr noch den **Kehlriemen** schließen, so daß eine aufrechtstehende Hand zwischen Riemen und Kehle Platz hat.

Der **Nasenriemen** wird je nach Zäumung verschnallt: Beim **Hannoverschen** Reithalfter liegt der Nasenriemen eine Handbreit über den Nüstern. (Jedenfalls sollte er das. Ein zu tief liegender Riemen nimmt dem Pferd die Luft!) Beim Zuschnallen legt ihr ihn **über** die **Trensenringe** und **unter** die **Zügel.** Zwischen

Links: Na bitte! – Das Aufziehen der Trense. Rechts: Nun noch die Stirnhaare hervorziehen.

Nasenriemen und Nasenbein müssen zwei Finger Platz haben.

Beim **englischen** Reithalfter liegt der Nasenriemen wesentlich höher. Er behindert die Atmung nie. Beim Zuschnallen müßt ihr ihn **unter** den **Backenstücken** durchführen. Zieht ihn aber nicht zu fest. Wenn die Trense richtig eingestellt, **verschnallt**, ist, sind die Maulwinkel ganz **leicht angehoben.** Sollte das nicht der Fall sein, dann fummelt nicht an den Schnallen herum, sondern sagt es dem Reitlehrer.

Dann zieht ihr noch die Stirnhaare unter dem Stirnband hervor und laßt sie darüberfallen.

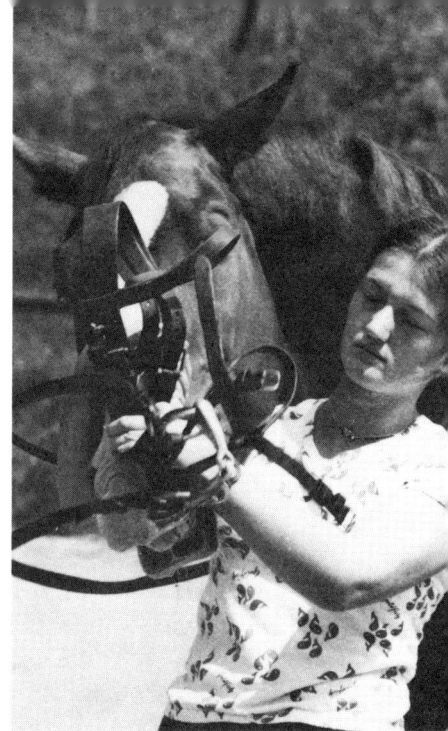

Links: Richtig verschnallte Trense mit Hannoverschem Reithalfter. Rechts: Trensensalat.

WAS MACHT MAN, WENN . . . SATTELN 2. Teil

. . . wenn ein Pferd in der Box zu satteln ist?
In der Box wird ein Pferd zuerst aufgetrenst und
dann gesattelt. Man kann dann besser ein Herumtreten und Ausweichen verhindern.
. . . wenn ein Pferd beim Auftrensen die Nase hochnimmt?
Es gibt eine ganze Reihe von Pferden, die beim Anblick einer Trense die Nase steil in die Höhe strecken
und gar nicht daran denken, sie wieder herunterzunehmen. Ich pflege in einem solchen Fall mit dem
Pferd zu sprechen. Überhaupt ist reden, murmeln
oder pfeifen oft die beste Methode, um zu erreichen,

was man will. Ganz nebenbei fange ich dann an, den Hals zu streicheln, immer höher hinauf. Die meisten Pferde werden neugierig und „kommen gucken". Ihr könnt natürlich auch mit Brot nachhelfen.

Hat man die Hand erst einmal auf dem Nasenbein, ist das Schlimmste überstanden. Die Mehrzahl der Pferde geben in dem Augenblick nach, wo sie merken, daß sie überlistet sind. (Hoffentlich tun eure das auch!)

... wenn ein Pferd mit Martingal geritten wird?

Ist in den Zügeln ein **Martingal** eingeschnallt, so müßt ihr den Halsriemen zusammen mit den Zügeln über den Kopf streifen. Der herabhängende Riemen wird zwischen den Vorderbeinen durchgezogen. Er hat am Ende eine Schlaufe, durch die ihr den Sattelgurt zieht. Die Schnalle am Riemen muß immer zum Boden zeigen, sonst ist das Martingal verdreht. Zeigt die Schnalle zum Pferdebauch, besteht Verletzungsgefahr durch Schnalle und Dorn.

... wenn Ausbinder eingeschnallt werden sollen?

Viele Anfängerpferde tragen **Ausbinder**, um dem Reiter das Sitzen zu erleichtern und den Pferderücken etwas zu schonen. Sie verhindern, daß das Pferd die Nase hochnimmt und den Rücken steifmacht, ihn **wegdrückt**.

Die Ausbinder (immer zwei) werden seitlich in den Sattelgurt eingeschnallt und mit einem Karabiner oder einer Schnalle in die Trensenringe eingehakt. Sie sollten so lang sein, daß die Pferdenase **vor der Senkrechten** steht. Mit anderen Worten, die Nüstern sollen weiter vorn sein als die Stirn.

Im Stall hakt man die Ausbinder in kleine Ringe am Sattel. In die Trense werden sie erst in der Bahn eingeschnallt.

Ein **Stoßzügel** ist ein einzelner Ausbinder, der verhindert, daß das Pferd den Kopf zu hoch nimmt. Er wird in den Kinnriemen eingehakt und läuft zwischen den Vorderbeinen durch zum Sattelgurt. Genau wie ein Martingal hat er an diesem Ende eine Schlaufe, durch die man den Sattelgurt zieht.

Wenn zusätzlich zum Kinnriemen noch ein Extrariemen vorhanden ist, der einen kleinen Metallring in der Mitte hat, dann wird der Stoßzügel in diesen Ring gehakt.

... wenn der Sattelgurt zu kurz ist?

Manchmal werdet ihr beim Satteln feststellen, daß der Gurt zu kurz ist und nicht ganz um den Pferdebauch herumreicht. In neunundneunzig von hundert Fällen liegt es daran, daß euer Pferd sich voll Luft gepumpt hat. Ihr könnt euch helfen, indem ihr den Gurt auf der rechten Seite länger schnallt und später wieder anzieht.

Manchmal liegt die „Kürze" auch nur daran, daß das Pferd falsch steht. Es hat dann das linke Vorderbein zurückgestellt. Wenn ihr es einen Schritt vortreten laßt, paßt der Gurt plötzlich.

Es läßt sich übrigens leichter satteln und nachsatteln, wenn euer Pferd den Kopf hochnimmt. Es kann sich dann nicht ganz so aufblasen.

... wenn das Trensengebiß im Winter eiskalt ist?

Manche Ställe sind im Winter so kalt, daß man geradezu einen Schock bekommt, wenn man das Gebiß mit der bloßen Hand anfaßt. Um wieviel größer muß da der Schreck beim Pferd sein, wenn man ihm plötzlich ein eiskaltes Stück Metall ins Maul zwängt! Nehmt das Gebiß zwischen beide Hände und wärmt es an. Ihr könnt es auch anhauchen oder eine Weile unter euren Pullover stecken, dann geht es schneller. Aber, bitte, nicht vergessen!

VOM STALL IN DIE REITBAHN: DAS FÜHREN

Um ein Pferd in die Bahn führen zu können, müßt ihr es erst einmal aus dem Ständer herausbringen. Bei Boxen ist das einfacher. Da kann man sein Pferd in jede beliebige Richtung drehen.

Wenn der Ständer breit genug ist (leider ist das nicht immer der Fall!), könnt ihr euer Pferd darin umdrehen und hinausführen. Ist er aber so schmal, daß sich das Pferd nicht drehen kann, müßt ihr es rückwärts auf die Stallgasse treten lassen.

Stellt euch vor das Pferd, daß ihr es anseht. Faßt die Zügel dicht unter dem (Pferde)Kinn und sagt energisch: „Zuuurück!"

Hilft das Kommando allein nicht, müßt ihr nachhelfen. Wiederholt das Kommando und drückt gleichzeitig mit einer Hand gegen Brust oder Schulter. Wenn ihr eine Gerte dabeihabt und das Pferd ausgesprochen stur ist, könnt ihr es durch leichtes Klopfen gegen die Vorderbeine zum Zurücktreten bewegen. Aber nicht schlagen! Im übrigen hilft auch hierbei Sprechen – und Geduld.

Beim Führen kommt es darauf an, ob ihr vom Stall direkt in die Halle geht – den Stall also praktisch nicht verlaßt – oder ob ihr einen Hof oder freies Gelände überqueren müßt.

Führt ihr nur durch den Stall, bleiben die Zügel auf dem Hals liegen. (Kleine Erinnerung: geführt wird von links!) Faßt mit der rechten Hand die Zügel dicht

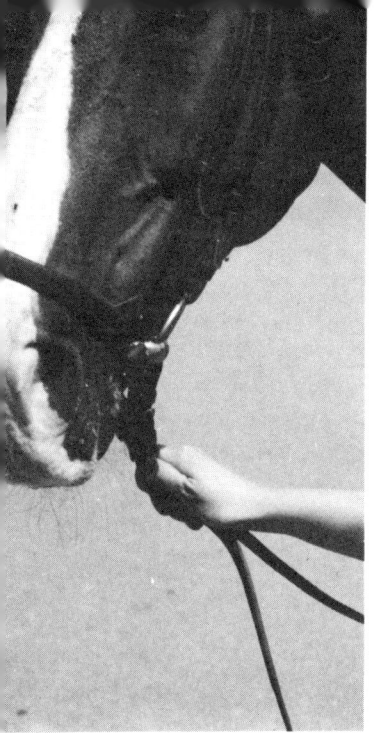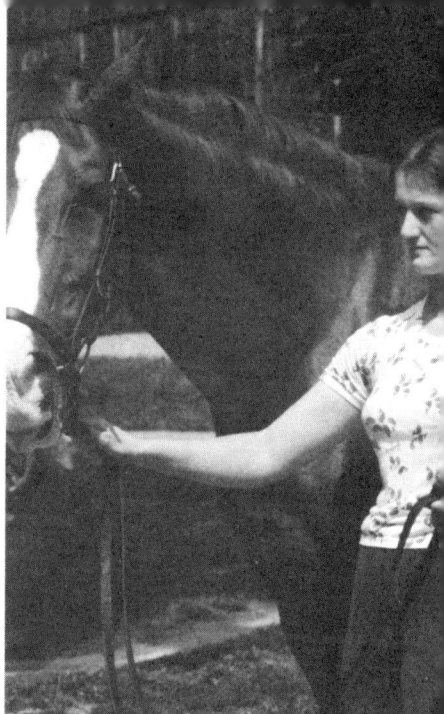

Links: Wenn die Zügel auf dem Hals bleiben. Rechts: Führen mit heruntergenommenen Zügeln

unter dem Kinn so, daß Ringfinger oder Ring- und Mittelfinger den rechten und den linken Zügel teilen. Wenn ihr ins Freie geht, nehmt ihr die Zügel herunter. Ihr könnt dann leichter einen Seitensprung „abfangen", ohne daß euch die Zügel aus der Hand gerissen werden.

Die rechte Hand faßt die Zügel wie gehabt, mit der linken haltet ihr das Zügelende, das **Schnallstück.**

Geht nicht zu dicht neben eurem Pferd. Haltet Abstand, indem ihr den Führarm (den rechten) etwas seitlich ausstreckt. So kann euch das Pferd nicht versehentlich auf die Füße treten.

Seht beim Führen geradeaus! Euer Pferd bleibt mit ziemlicher Sicherheit stehen, wenn ihr es anschaut.

Davon abgesehen solltet ihr immer dahin blicken, wohin ihr geht. Dann bemerkt ihr jedes Hindernis und alles, was ein Pferd erschrecken könnte, rechtzeitig. Laßt euch nicht von schlechten Beispielen anstecken. Ich sehe häufig Reiter, die ihre Pferde am langen Zügel hinter sich herziehen wie einen alten Esel. Das kann man machen, wenn man sein Pferd sehr genau kennt, aber niemals mit einem fremden. Die Gefahr, daß euch bei der ersten Gelegenheit die Zügel aus der Hand gerissen werden, ist groß.

Der führende Reiter gehört **neben** sein Pferd! Bevor ihr mit eurem Pferd die Reitbahn betretet, bleibt bitte vor der Tür stehen und macht die anderen Reiter mit einem lauten: „Tür frei, bitte!" auf euer Kommen aufmerksam. Die Antwort kommt meist prompt und lautet: „Tür ist frei!" So vermeidet man Zusammenstöße oder gar Unfälle, die durch plötzlich scheuende Pferde entstehen können. Vor allem in Reithallen, wo einem die Bandentüren die Sicht versperren, ist eine Warnung an die anderen Reiter notwendig. Es ist ein Akt der Höflichkeit und Rücksichtnahme — und höflich sollte man eigentlich zueinander sein.

WAS MACHT MAN, WENN . . . FÜHREN 2. Teil

. . . wenn ein Pferd sich nicht von der Stelle bewegt? Erwischt ihr ein Pferd, das weder durch gutes Zureden, noch durch Ziehen zum Mitgehen zu bewegen ist, versucht einmal folgendes:
Dreht euch, ohne die Zügel loszulassen, mit dem Rücken zum Pferd und gebt ihm mit der linken Hand

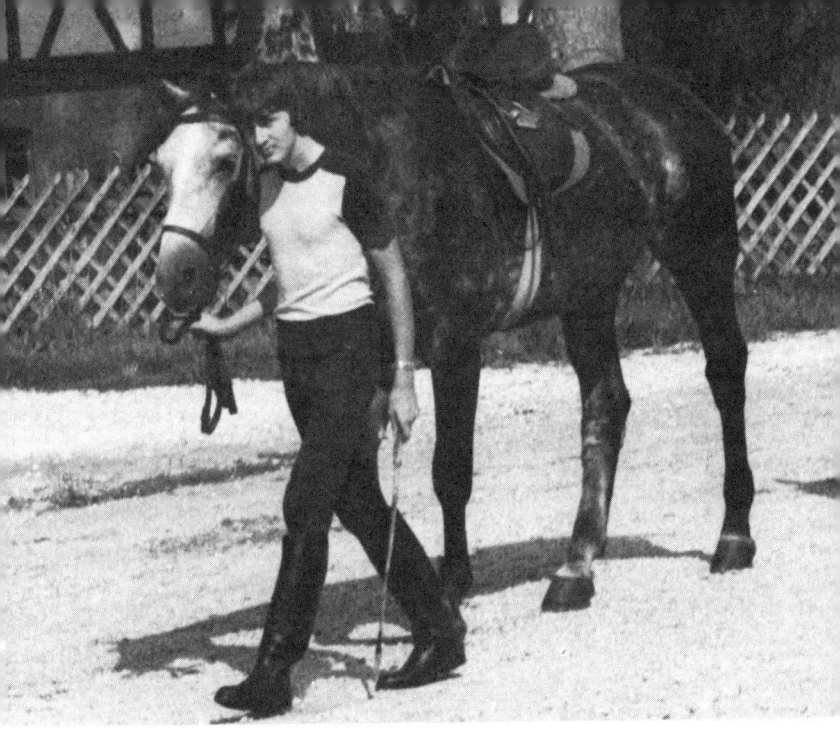

Die Zügel liegen korrekt in einer Hand.

oder der Gerte einen leichten Schlag dicht hinter dem Sattelgurt. Das ist die Stelle, wo dem Pferd auch beim Reiten das „Vorwärts" signalisiert wird. Das hilft eigentlich immer.

Wenn ihr genügend Platz habt, könnt ihr versuchen, das Pferd erst zur Seite und dann vorwärts zu führen. Auch das geht.

. . . wenn man eine Tür öffnen muß?

Müßt ihr eine Tür oder ein Gatter öffnen, um zum Reitplatz zu gelangen, nehmt ihr vorübergehend die Zügel in eine, die rechte Hand. Legt sie zusammen, so daß ihr sie ganz kurz fassen könnt. Nicht um die Hand wickeln! Ihr müßt im Notfall die Zügel lang oder gar ganz loslassen können. Das ist aber unmöglich, wenn ihr sie um die Hand schlingt. Sie ziehen sich dann fest, und das kann äußerst gefährlich werden.

Wenn ihr eine enge Stelle passieren müßt, geht so, daß ihr immer einen Schritt vor eurem Pferd seid.

Ich bin einmal böse gegen den Türpfosten gequetscht worden, weil ich an einer solchen Stelle **neben** meinem Pferd ging. Wir waren gerade in der Tür, als es aus irgendeinem Grund heftig erschrak. Es schoß wie eine Rakete vorwärts — und ich klebte am Pfosten, weil ich nicht ausweichen konnte. Wäre ich den bewußten Schritt vor meinem Pferd durch die Tür gegangen, so wäre ich am Pfosten vorbei gewesen, und der Satz hätte überhaupt nichts angerichtet. So aber stand ich wohl eine Minute lang da und schnappte nach Luft, während mein Roß schon wieder quietschvergnügt durch die Halle tobte. Die Zügel hatte ich vor lauter Schreck losgelassen. Seitdem achte ich streng auf die richtige „Reihenfolge".

NACHSATTELN UND „VERPASSEN" DER BÜGEL

Wenn ihr die Bahn betreten und die Tür wieder ordentlich zugemacht habt, stellt ihr euch mit dem Pferd auf die **Mittellinie** zu den anderen Reitern. Ist eine Tribüne da, so soll der Pferdekopf dorthin zeigen. Streift die Zügel über den linken Arm! Dann habt ihr beide Hände frei, und das Pferd kann euch nicht fortlaufen. Nachgesattelt wird (wie immer) auf der linken Seite. Klappt das Sattelblatt hoch und zieht den Gurt so stramm an, wie ihr nur könnt.

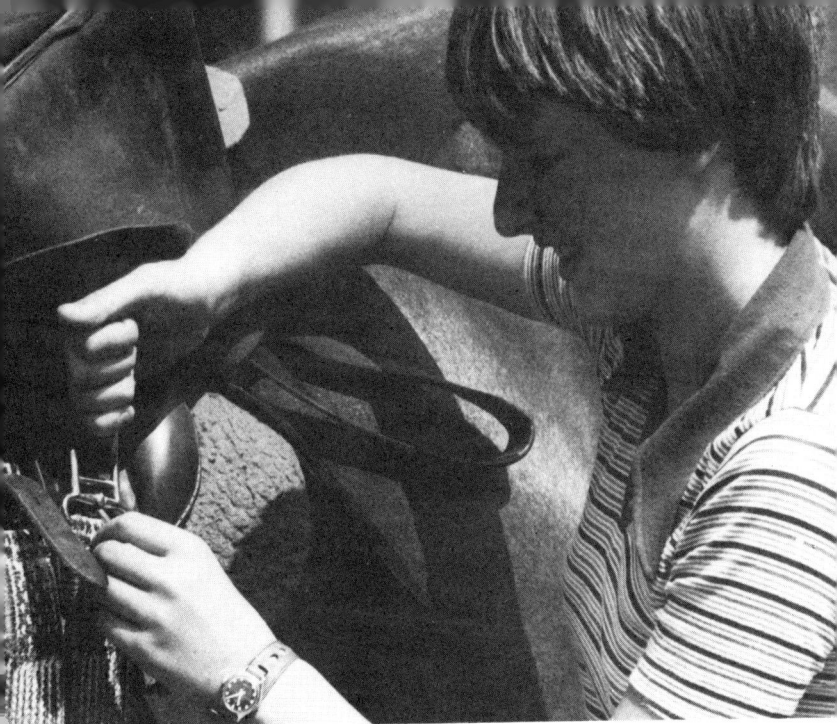

Richtig festziehen – nachsatteln

Keine Angst, ihr tut dem Pferd nicht weh. Zieht den Gurt abwechselnd an beiden Riemen enger, damit im Notfall immer einer den Sattel hält, wenn euch der andere wegrutscht.

Vergeßt das Nachsatteln nie! Sonst rutscht euch beim Aufsitzen plötzlich der Sattel entgegen – und das kann sehr peinlich werden!

Als nächstes zieht ihr die Bügel herunter. Vergeßt auch den rechten nicht! Dann könnt ihr die ungefähre Bügellänge einstellen.

Wenn man von **Bügellänge** spricht, meint man eigentlich die Länge der Bügelriemen einschließlich der Bügel. Auch wenn es heißt: „Macht die Bügel länger", ist ein Verlängern der Riemen gemeint.

So wird es passen. – Einstellen der Bügellänge. Sie entspricht ungefähr dem ausgestreckten Arm.

Die ungefähre Bügellänge entspricht dem ausgestreckten Arm von der Achselhöhle bis zu den Fingerspitzen. Die genaue Länge kann man erst vom Sattel aus einstellen. Faßt mit den Fingerspitzen der einen Hand an die Stelle, an der der Bügel in den Sattel eingehängt ist. Streckt dabei den Arm ganz aus. Mit der anderen Hand faßt ihr den Bügel an der unteren Kante, dem **Bügeltritt**, und meßt am ausgestreckten Arm die Länge. Wenn der Bügeltritt bis in die Achselhöhle reicht, dürfte es stimmen.

Wichtig ist, daß ihr immer beide Bügel auf die gleiche Länge einstellt. Um das zu überprüfen, gibt es verschiedene Möglichkeiten.

Ihr könnt die **Löcher** in den Bügelriemen **abzählen**.

60

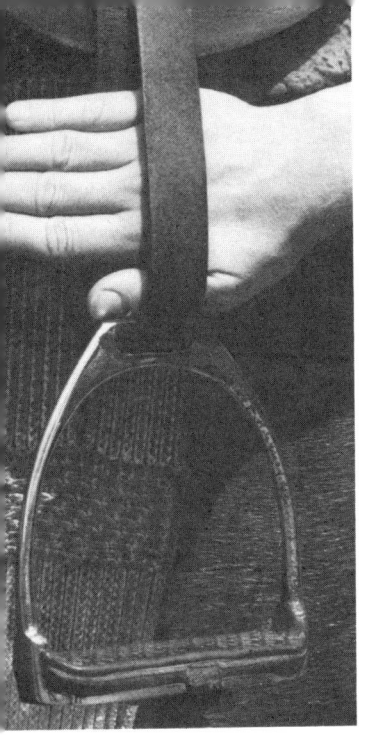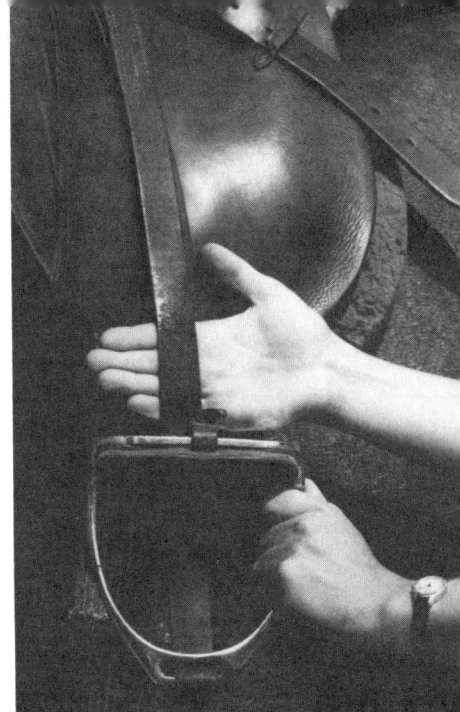

*Links: So kann man feststellen, ob beide Bügel die gleiche
Länge haben ... Rechts: ... oder auch so*

Zieht den vorderen Riemen mit der Schnalle so weit
herunter, daß ihr das letzte Loch sehen könnt, und
zählt dann von oben nach unten bis zur Schnalle.
Leider kann es trotzdem passieren, daß die Bügel unterschiedlich lang sind. Das hängt damit zusammen,
daß immer wieder Riemen ausgetauscht oder zusätzliche Löcher hineingebohrt werden.

Wenn ihr mit dem Abzählen allein nicht weiter-
kommt, macht folgendes:

Meßt mit der Hand den Abstand zwischen dem Rand
des Sattelblattes und dem Bügel, indem ihr ein, zwei,
drei oder mehr Finger dazwischenschiebt.

Ist der Abstand so groß, daß eine Hand zum Messen
nicht ausreicht, schlagt ihr den Bügel um, so daß der

61

Tritt nach oben zeigt. Dann meßt ihr wieder. Wenn ihr das auf beiden Seiten macht, habt ihr bestimmt gleichlange Bügel.

Habt ihr die Bügel eingestellt, zieht ihr den hinteren Riemen nach unten. Dadurch rutscht die Schnalle im vorderen Riemen wieder nach oben. Sie darf nicht irgendwo auf „halber Höhe" sein, weil ihr euch dann die Oberschenkel wundscheuert.

Zuletzt steckt ihr noch das herabhängende Ende des Bügelriemens unter den Ledersteg am hinteren Rand des Sattelblattes. Dann stört er euch beim Reiten nicht.

Wenn der Steg abgerissen ist oder ganz fehlt, schlagt ihr das Riemenende von vorn nach hinten unter den Bügelriemen und zieht ihn nach hinten weg, damit er glatt liegt.

Und nun noch einmal die Reihenfolge in Kurzform: Nachsatteln, Bügel herunterziehen, Länge einstellen.

Übrigens: Wenn ihr am rechten Bügel hantiert, gehört der Zügel natürlich über den rechten Arm. Aber das ist wohl selbstverständlich, oder?

UND WIE KOMMT MAN DA RAUF? – DAS AUFSITZEN

Wenn man zum erstenmal neben einem gesattelten Pferd in der Bahn steht, hat man das Gefühl, als wäre das liebe Tier plötzlich gewachsen. So hoch war es doch beim Putzen nicht . . .

Das Aufsitzen ist leichter, als es scheint, wenn man darüber liest – und viel schwerer, als es bei einem guten Reiter aussieht. Wie immer, laßt es euch vormachen und schaut zu. Was ihr seht, ist folgendes:

62

Links: Die hintere Bügelkante wird nach außen gedreht.
Rechts: Nun noch die Fußspitze nach unten drücken . . .

Der Reiter steht an der linken Seite des Pferdes in
Höhe der Schulter, Gesicht zum Schweif. Die linke
Hand ergreift die Zügel und wird auf den Mähnen-
kamm gelegt. Die rechte faßt den Bügel. Der linke
Fuß wird hineingesteckt. Die rechte Hand greift zum
hinteren Sattelrand. Der rechte Fuß stößt kräftig
vom Boden ab. Das rechte Bein wird hoch über den
Pferderücken geschwungen — und der Reiter gleitet
sanft in den Sattel.
So weit, so gut.
Bei einem geübten Reiter sieht es wirklich leicht und
elegant aus. Aber macht euch bitte keine Illusionen.
Bis ihr es wirklich könnt, ohne lange überlegen zu
müssen, vergeht noch eine Weile. Bis dahin wird euer

63

Aufsitzen eher einem mühevollen „In-den-Sattel-Ziehen" gleichen.

Wir wollen uns die ganze Geschichte noch einmal in Zeitlupe ansehen. Vielleicht prägt sich dann besser ein, worauf es ankommt.

Die **Zügel** faßt ihr beide mit der linken Hand über dem Widerrist zusammen. Sie sollen nicht durchhängen, sondern eine direkte Verbindung zwischen eurer Hand und dem Pferdemaul bilden. Achtet darauf, daß ihr nicht am Zügel zieht, sonst läuft euer Pferd plötzlich rückwärts.

Die **linke Hand** legt ihr fest auf den Mähnenkamm. Noch besser ist es, zusätzlich ein Büschel Mähnenhaare mitzugreifen. Bei Pferden, die eine geschorene Mähne haben, könnt ihr auch vorne in den Sattel fassen. So habt ihr Halt und könnt dem Pferd nicht mit den Zügeln im Maul reißen, wenn ihr unter Umständen ein bißchen zu schwungvoll im Sattel landet.

Der **Bügel** wird so gedreht, daß der hintere Rand nach außen (vom Pferd weg) zeigt. Dadurch erreicht man, daß der Bügel gleich richtig aufgenommen wird. Ein verdrehter Riemen drückt und scheuert gegen den Schenkel. Der **linke Fuß** wird bis zum Absatz in den Bügel gesteckt und die Fußspitze nach unten gedrückt. Das ist wichtig! Ihr macht beim Aufsitzen eine Drehung um 180 Grad. Stellt euch vor, was geschieht, wenn ihr die Fußspitze nach oben zeigen laßt. Ihr bohrt eurem Pferd die Spitze voll in die Rippen! Wenn Schulpferde auch dagegen abgestumpft sind, gerne haben sie es nicht.

Empfindliche Pferde springen bei solcher Behandlung sofort zur Seite.

Links: . . . und hinauf! Rechts: Die Knie fangen den Schwung auf, ehe man sich in den Sattel setzt.

Das linke **Knie** sollte möglichst am Sattel liegen. Es ist sozusagen der Drehpunkt. Allerdings ist es bei großen Pferden mitunter schwierig, das Knie in die richtige Lage zu bringen.

Die **rechte Hand** legt ihr nun an den hinteren Sattelrand. Besser ist es, wenn ihr über den Sattel auf die rechte Seite weggreift. Der Sattel wird nämlich vom ständigen Festhalten beim Hochziehen schief. Das Übergreifen ist aber wieder nur bei „passenden", bei kleinen Pferden möglich.

Mit dem **rechten Fuß** stoßt ihr euch kräftig vom Boden ab. Ihr könnt auch ein- oder zweimal mit dem Fuß „wippen", um Schwung zu holen. Nun habt ihr

65

beide Beine vom Boden weg und seid im **Stütz**. Das ganze Gewicht ruht auf dem linken Bügel.

Jetzt muß eure **rechte Hand** nach vorn an die Sattelpausche wandern, sonst setzt ihr euch auf euren eigenen Arm.

Das **rechte Bein** hebt ihr **hoch** über den Sattel, während ihr gleichzeitig mit dem **Oberkörper nach vorn** geht.

Das Bein muß hoch, damit ihr dem Pferd nicht mit dem Fuß über die Kruppe „kratzt". Das wäre wieder ein Anlaß zu einem Seitensprung.

Habt ihr das Bein herübergenommen, legt ihr das **rechte Knie** ganz fest an den Sattel, ehe ihr euch hinsetzt. So fangt ihr euer Gewicht ab und plumpst nicht wie ein Mehlsack dem Pferd ins Kreuz. Je weicher ihr „landet", desto besser.

Nun nehmt ihr noch den **rechten Bügel** auf. Dazu laßt ihr das Bein locker hängen und zieht nur die Fußspitze an. Wenn ihr sie jetzt nach innen (Richtung Pferd) dreht, rutscht der Bügel von allein unter euren Fuß, bzw. Ballen.

Beim erstenmal wird euch sicher euer Reitlehrer die richtige Bügellänge einstellen. Später müßt ihr es allein können. Da ist das korrekte Aufnehmen der Bügel eine gute Kontrolle. Wenn ihr das Knie hochziehen müßt, um den Bügel zu erwischen, stimmt die Länge nicht. Dann sind sie zu kurz.

Als letztes nehmt ihr noch die **Zügel** von der linken Hand in **beide Hände**. Dann habt ihr das erste Aufsitzen erfolgreich beendet.

66

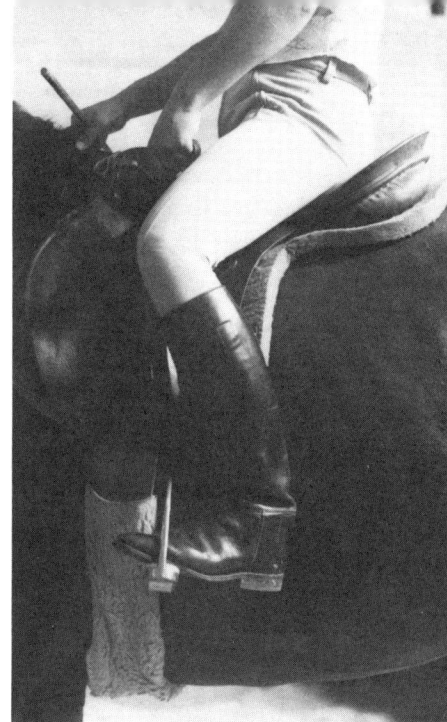

Links: Es kann losgehen! Rechts: So werden die Bügel verstellt.

WAS MACHT MAN, WENN . . . AUFSITZEN 2. Teil

. . . wenn ein Pferd beim Aufsitzen nicht stillsteht?
Gut erzogene Pferde stehen während des Aufsitzens
wie ein Baum. Aber natürlich gibt es auch solche, die
anfangen herumzuspielen, nach dem Reiter zu
schnappen, vorwärts oder seitwärts zu treten. Wenn
man dann schon einen Fuß im Bügel hat, ist das sehr
ärgerlich. Man hüpft auf einem Bein hinter seinem
Roß her, zur Freude aller Zuschauer.
Schnappen verhindert ihr durch kurz angenommene
Zügel, die es eurem Pferd unmöglich machen, den
Kopf so weit zu drehen, daß es euch erwischt.

67

Das **Seitwärtstreten** könnt ihr ebenfalls mit Hilfe der Zügel unterbinden. Nehmt den rechten Zügel etwas kürzer als den linken, so daß euer Pferd nach rechts schaut. Wenn es aus dieser Stellung seitwärts tritt, weil es dem Druck ausweichen möchte, geht es nach links, also auf euch zu. Das behindert beim Aufsitzen nicht im geringsten.

Ein **Vortreten** verhindert ihr durch einen leichten Ruck an den Zügeln. Er darf allerdings nie so hart sein, daß euer Pferd den Kopf hochreißt und rückwärts geht.

Ein Pferd am **Zurücktreten** zu hindern, ist schwierig. Nach rückwärts kann es am leichtesten ausweichen. Manchmal hilft es, wenn ihr das Pferd so lange zurücktreten laßt, bis es ihm lästig wird und es stehenbleibt. Im Grunde gehen Pferde nur sehr ungern rückwärts.

Pferde sind wie alle Lebewesen sehr unterschiedlich in ihren Reaktionen. Bei einem Pferd hilft ein bißchen gutes Zureden, bei einem anderen erst ein strafender Schlag. Die Bestrafung eines Pferdes beim Aufsitzen ist daher eine zweischneidige Sache, wenn man es nicht genau kennt. Man kann viel verderben, vor allem bei sensiblen Pferden. Für solche Pferde gibt es eine feine Methode. Man muß allerdings etwas Platz haben, damit man niemanden stört.

Man stellt sich mit seinem Pferd in eine **Bahnecke**, so daß man auf zwei Seiten die Bande als Begrenzung hat. Vorwärtsdrängende Pferde sollen die Bande an der rechten Seite und vor sich haben.

Pferde, die nach rückwärts gehen, stellt man so, daß sie die Bande an der rechten Seite und hinter sich haben. Im übrigen hilft auch beim Aufsitzen **Geduld**.

... wenn man die Bügel nicht erreicht?

Da habt ihr nun mühsam die Bügel eingestellt, und dann reicht ihr nicht heran. So hoch ihr den linken Fuß auch hebt, der Bügel hängt noch höher.

Geniert euch in einem solchen Fall nicht, den linken Bügel zwei bis drei Loch länger zu machen. Auch wenn manche Leute das für unreiterlich halten. Das ist nämlich Unsinn. Unreiterlich ist alles, was einem Pferd schadet und was ihm weh tut. Durch das Verlängern des Bügels tut ihr aber gerade das Gegenteil. Ihr verhindert, daß ihr dem Pferd beim Angeln nach dem Bügel in die Rippen stoßt.

Merkt euch nur, um wie viele Löcher ihr den Bügel verstellt habt. Ihr müßt ihn vom Pferd aus wieder kürzer machen.

Übrigens: In manchen Reitschulen gibt es kleine Schemel, die das Aufsitzen bei großen Pferden erleichtern.

... wenn man die Bügel vom Sattel aus verstellen muß?

Das Korrigieren der Bügellänge vom Sattel aus ist einfach. Faßt den Bügelriemen immer so, daß der Zeigefinger den Dorn der Schnalle fühlt.

Sollen die Bügel **verlängert** werden, löst ihr die Schnalle und laßt sie am Riemen heruntergleiten, bis das gewünschte Loch erreicht ist.

Zum **Verkürzen** zieht ihr erst den Riemen ein Stück herunter, damit ihr an die Schnalle herankommt. Ihr braucht die Schnalle dann nur zu lösen und durch Hochziehen des Riemenendes (dabei rutscht die Schnalle automatisch mit hoch) in das entsprechende Loch zu führen. Dabei sollte der Zeigefinger immer auf dem Dorn liegen, um ihn zu führen.

Laßt den Fuß beim Verstellen im Bügel. Das gibt das bißchen Widerstand, den ihr braucht, um mit einer Hand zu „arbeiten". Vergeßt nicht, die Schnalle wieder an ihren alten Platz zu befördern! Ihr braucht dazu nur den unteren Bügelriemen herunterzuziehen. Je besser der Sattel gepflegt ist, desto leichter habt ihr es. Ist das Leder sehr hart, müßt ihr zum Verstellen eventuell beide Hände nehmen.

. . . wenn man vom Pferd aus nachsatteln muß?

Macht es euch zur Gewohnheit, vom Pferd aus festzustellen, ob der Gurt nach dem Aufsitzen wirklich auch noch stramm genug ist. Manchmal werdet ihr sofort nachgurten müssen, manchmal erst nach ein paar Runden durch die Bahn. Notwendig ist es fast immer, weil sich der Gurt durch das Reitergewicht lockert.

Legt zum Nachsatteln das linke Bein nach vorn über die Pausche und klappt das Sattelblatt hoch. Anfangs könnt ihr es mit der rechten Hand festhalten.

Auch beim Nachsatteln führt der Zeigefinger den Dorn, der Daumen fühlt die Löcher. Ist der Gurt auch dann noch nicht stramm genug, wenn ihr schon beim letzten Loch seid, wiederholt ihr das ganze auf der rechten Seite.

Haltet bei allem, was ihr tut, mit einer Hand die Zügel fest!

WENN PFERDE REDEN KÖNNTEN

Guten Tag und willkommen in unserem Stall. Ich bin hier der Dienstälteste und habe daher die ehrenvolle Aufgabe, alle Neulinge aufzuklären. Mein Name ist

70

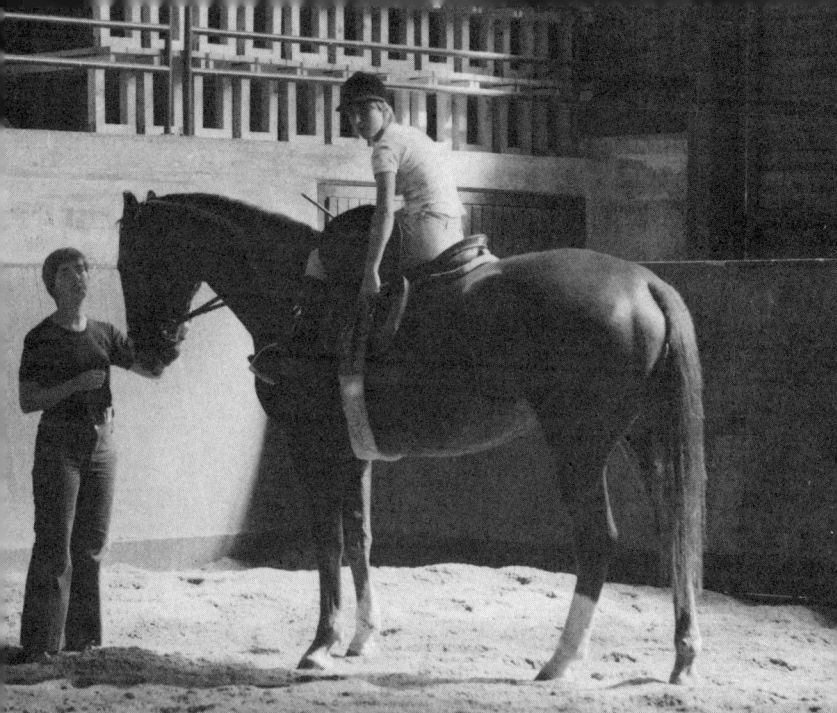

Nachsatteln vom Pferd

übrigens Hadrian. Ich bin sechzehn Jahre alt und von
Beruf Schulpferd.

Schulpferd. Ich sehe schon, wie einige unter euch die
Nase rümpfen und begehrlich zu unseren Kollegen,
den Privatpferden schielen.

Zugegeben, es gibt auch unter den „Privaten" feine
Kerle. Aber was wolltet ihr wohl mit denen anfangen,
ehe ich und meine Freunde euch das kleine Einmal-
eins der Reiterei beigebracht haben? Glaubt nur
nicht, daß die euch ebenso gutmütig durch die Bahn
tragen würden wie wir.

Ihr meint, ich übertreibe? Dann überlegt doch mal,
was wir Schulpferde alles mit euch durchmachen,
ohne eine Miene zu verziehen. Unsere verdiente Stall-

ruhe wird gestört, weil ihr herumtobt wie auf einem Sportplatz. Wenn wir dösen, kriegen wir plötzlich einen freundschaftlichen Schlag aufs Hinterteil, daß wir vor Schreck fast an die Decke springen möchten. Wir sind doch keine Indianer, die man anschleichen muß.

Ihr wedelt uns mit euren Gerten vor der Nase herum, daß weniger Gutmütige auf der Stelle Reißaus nehmen würden.

Wir dulden, daß ihr uns Fußspitzen und Absätze in die Rippen bohrt. Wir ertragen manchen harten Ruck im Maul. Wir schlucken schweigend, daß ihr uns für Fehler bestraft, die ihr macht. Wir tun, was der Reitlehrer sagt, auch dann, wenn eure Hände und Füße das Gegenteil signalisieren.

Was würdet ihr wohl machen, wenn ihr -zig Kilo auf eurem Buckel herumschleppen müßtet? Kilo, die sich auch noch bewegen, mal auf der einen, dann auf der anderen Seite herunterhängen. Meint ihr nicht auch, daß ihr von Zeit zu Zeit nachhelfen würdet, um die unbequeme Last loszuwerden? Wir Pferde haben nämlich durchaus Sinn für Humor. Eure dummen Gesichter, wenn ihr plötzlich am Boden sitzt, sind sehenswert. Natürlich wollen wir nicht, daß euch etwas passiert. Darum schmeißen wir euch meistens schwungvoll ab, das ist nicht so gefährlich.

Von mir heißt es oft: „Der Hadrian ist ein sturer Bock!" Klar, ich bin faul. Arbeitet ihr, wenn ihr nicht müßt? Warum soll ich in einer Abteilung mitgaloppieren, wenn ich ebensogut in der Mitte stehen kann und dafür noch den Hals geklopft kriege. Ich merke sofort, wenn ihr Angst habt. Da nehme ich eben Rücksicht und schone mich für die nächste Reitstunde. Ihr seid ja schließlich nicht die einzigen, die auf mir herumschaukeln.

Wenn ich aber merke, daß ihr wirklich **reiten** wollt, dann mache ich mit. Dann habe ich auch meinen Spaß an der Stunde.

Ich glaube, nun wißt ihr, woran ihr mit uns Schulpferden seid. Auf gute Zusammenarbeit denn. Wir werden uns schon verstehen.

Ach, übrigens, habt ihr vielleicht eine Kleinigkeit in der Tasche? Ein Stück Brot vielleicht? Oh, danke vielmals. Ich glaube wirklich, daß wir miteinander auskommen werden.

AN DIE LONGE – MUSS DAS SEIN?

Die meisten Reitschüler beginnen ihre „Laufbahn" an der **Longe**. Die Longe ist eine lange Leine, an der das Pferd im Kreis geht. Im Mittelpunkt dieses Kreises steht der Reitlehrer.

Viele Anfänger – vor allem die Erwachsenen – kommen sich an der Longe zuerst komisch vor. Für die Zuschauer – die natürlich alles viel besser können – bietet so eine Stunde wirklich manchen Grund zur Heiterkeit. Für euch Anfänger aber sind Longenstunden ungeheuer wichtig – vorausgesetzt, es longiert wirklich der Reitlehrer und nicht irgendein Schüler, der zufällig herumsteht.

Nutzt es aus, wenn ihr Longenstunden haben könnt. Laßt euch nicht beirren, wenn ihr jemanden auf der Tribüne schmunzeln seht. Schließlich haben alle mal klein angefangen.

Ein bißchen Gymnastik . . .

Das Reiten an der Longe bietet eine ganze Reihe von
Vorteilen:

Erstens kann euer Pferd nicht irgendwo mit euch hin-
gehen, wo ihr gar nicht hinwollt. Es bleibt hübsch auf
dem richtigen Weg, weil es durch die Longe nicht aus
dem Kreis ausbrechen kann.

Zweitens hat der Reitlehrer euch immer unmittelbar
vor Augen. Er kann also viel besser korrigieren, was
ihr falsch macht, als wenn ihr in einer Abteilung von
acht oder zehn Reitern mittut.

Drittens werdet ihr automatisch lockerer, wenn ihr
merkt, daß euer Pferd genau das tut, was es tun
soll. Fast jeder Anfänger hat Angst, oder sagen wir
besser, er fühlt sich ein bißchen unbehaglich. Das

74

. . . kann nicht schaden.

gibt sich schnell, wenn er merkt, wie gutmütig sein Pferd ihn trägt.

Viertens braucht ihr euch noch nicht um so komplizierte Dinge wie korrekte Hufschlagfiguren zu kümmern. Ihr dürft euch (meistens) ganz darauf konzentrieren, wie man richtig auf einem Pferd **sitzt**.

Übrigens: Wenn ihr **ohne Bügel** reiten müßt, so dient das unter anderem dazu, daß eure Beine sich strecken.

Klammert euch auf gar keinen Fall mit den Hacken fest, sondern laßt die Beine so lang wie möglich „hängen". An der Longe ist das am einfachsten, und genaugenommen gehören solche Sitzübungen dazu.

75

Es muß nicht unbedingt an der Longe sein.

Schlagt die Bügel so über, daß sie vor dem Sattel auf
dem Pferdehals liegen — der linke Bügel liegt auf der
rechten Halsseite, der rechte auf der linken.

Achtet darauf, daß die Bügel nicht auf dem Sattel
liegen. Sie rutschen euch sonst beim Reiten unters
Knie. Das tut schauderhaft weh.

Wenn euch die Riemen drücken, zieht ihr erst die
Schnalle des Bügelriemens etwa zehn Zentimeter herunter und schlagt die Bügel dann über. Dadurch liegt
die Schnalle auf dem Widerrist und drückt nicht gegen den Oberschenkel.

Bemüht euch ganz schnell, die Tatsache zu vergessen,
daß ihr unter den Füßen nun keinen Halt mehr habt.

76

Hier kann nichts drücken – übergeschlagene Bügel.

Beine lang, Absätze tief. Fußspitzen hoch – dann kommt ihr nicht ins Rutschen. Zumindest im Schritt sollte es auf Anhieb klappen. Vor allem aber: **Nicht festklemmen!**
Wenn ihr die Bügel wieder aufnehmt, denkt daran, daß ihr die Schnalle wieder ganz heraufziehen müßt. Vielleicht werden euch die Bügel plötzlich zu kurz erscheinen. Das hängt damit zusammen, daß eure Beine sich tatsächlich „gestreckt" haben. Macht die Bügel einfach ein bis zwei Loch länger.

Die häufigsten Korrekturen, die ich in Reitbahnen gehört habe, waren: Kopf hoch! Gerade sitzen! Beine lang! Absätze tief! Knie zu! Ellenbogen an den Körper!

Das ist ein bißchen viel auf einmal. Besonders für einen Anfänger, der gerade entdeckt, daß alle seine Glieder plötzlich ein Eigenleben entwickeln. Bemüht er sich um tiefe Absätze, tanzen die Hände — nimmt er die Schenkel zurück, fliegt er mit dem Oberkörper nach vorn. Der Reitlehrer hat gut reden, wenn er sagt:

Der Reiter sitzt gerade, aufrecht und losgelassen im Sattel. Die Ellenbogen liegen leicht am Oberkörper, die Fäuste stehen aufrecht und nebeneinander, eine Handbreit über dem Mähnenkamm. Die Oberschenkel und Knie liegen flach am Sattel, das volle Gewicht des Reiters ruht auf beiden Gesäßknochen. Die Absätze bilden den tiefsten Punkt.

Das ist alles richtig und gut, aber wie macht man das?

Wir wollen einmal mit dem wichtigsten anfangen, eurem Po. Reiter sagen dazu vornehm Gesäß, gemeint ist dasselbe.

Um euch die Lage der vielzitierten Gesäßknochen deutlich zu machen, muß ich etwas intim werden. Ich hoffe, ihr versteht das.

Stellt einmal einen Fuß auf einen Stuhl und legt eine Hand dahin, wo das Bein aufhört und der Po anfängt. Nun drückt ihr mit den Fingern von unten gegen die Pobacke, bis ihr den dort liegenden Knochen fühlt. Das ist einer der beiden Gesäßknochen. Darauf sollt ihr sitzen. Ihn müßt ihr fühlen, wenn ihr im Sattel sitzt. Dann seid ihr auf dem richtigen Weg.

Ihr könnt noch eine Probe machen, um zu fühlen, wie ihr **nicht** sitzen dürft.

Stellt euch mit geschlossenen Beinen gerade hin und kneift die Pobacken zusammen. Dieses Gefühl dürft ihr im Sattel auf keinen Fall haben. Durch das „Zusammenklemmen" hebt ihr euch praktisch aus dem Sattel. Ihr macht es dadurch unmöglich, daß eure Gesäßknochen schwer im Sattel ruhen.

Probiert einmal diese Unterschiede aus, wenn ihr vor oder nach der Reitstunde eine ruhige Minute habt: Gesäß loslassen und schwer in den Sattel setzen. Anschließend die Pobacken zusammenkneifen – und wieder loslassen. Da merkt ihr den Unterschied.

Die **Oberschenkel** sollen **flach** am Sattel liegen. Das ist nicht einfach, weil es eine ungewohnte Haltung ist. Ihr müßt die Oberschenkel nämlich **eindrehen**. Auch das könnt ihr auf dem „Trockenen" probieren. Stellt euch wieder gerade hin, die Füße leicht auseinander. Und nun macht einmal O-Beine, richtig schöne O-Beine wie Charly Chaplin. Was seht ihr?

Die Fußspitzen zeigen nach außen, die Knie sind weiter auseinander als vorher. So dürft ihr auf dem Pferd aber **nicht** sitzen. Die Knie gehören an den Sattel. Um das zu erreichen, müßt ihr die Beine ganz anders halten.

Stellt euch noch einmal genauso hin wie eben. Aber nun geht ihr ganz leicht in die Knie (ganz, ganz wenig) und macht X-Beine. Was merkt ihr nun?

Die Fußspitzen zeigen zueinander, und die Knie berühren sich fast. So ähnlich müßt ihr im Sattel sitzen. **Als ob ihr X-Beine machen wollt!**

Natürlich kann man auf dem Pferd keine richtigen X-Beine machen, aber die Drehung der Oberschenkel ist dieselbe.

Durch das Eindrehen der Oberschenkel liegt gleichzeitig auch das **Knie flach** am Sattel. Ihr könnt diese flache Stelle am Knie fühlen, wenn ihr das Bein anwinkelt und eine Hand an die Innenseite des Knies legt.

Der **Schenkel** (Unterschenkel) soll in lockerer Verbindung mit dem Pferdeleib sein. Auf keinen Fall dürft ihr euch festklemmen! Die richtige Lage hat euer Schenkel, wenn er **am Gurt liegt**.

Streckt, wenn ihr auf dem Pferd sitzt, die Schenkel nach vorn und dabei etwas zur Seite — und nehmt sie dann ganz leicht wieder zurück ans Pferd. So, wie sie dann liegen, sollten sie immer liegen. Erwartet aber nicht, daß sie es von Anfang an tun. Ihr werdet mehr als ein paar Stunden brauchen, um eure Schenkel unter Kontrolle zu bringen. Doch immer (vor allem im Schritt) solltet ihr versuchen, eure Schenkellage zu kontrollieren und zu korrigieren.

Der **Absatz** soll tief hinuntergedrückt werden — nicht nur wegen der Schönheit. Solange der Absatz tiefer liegt als die Fußspitze, verliert ihr die Bügel nicht. Das ist kein Spaß. Die angezogene Fußspitze und der tiefe Absatz garantieren die größte Sicherheit. Aber noch aus einem anderen Grund gehört der Absatz tief. Stellt einmal einen Fuß hoch, am besten auf eine Lehne oder den Rand eurer Badewanne. Nun drückt die Fußspitze nach unten und legt die gegenüberliegende Hand (linkes Bein, rechte Hand) an die Innenseite der Wade. Was fühlt ihr? Nichts, richtig. Nun nehmt die Fußspitze hoch und drückt den Absatz

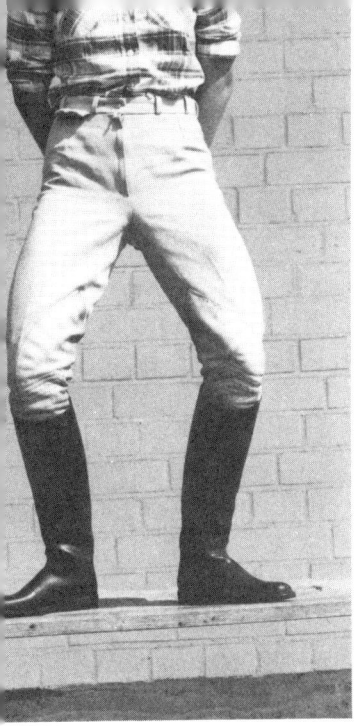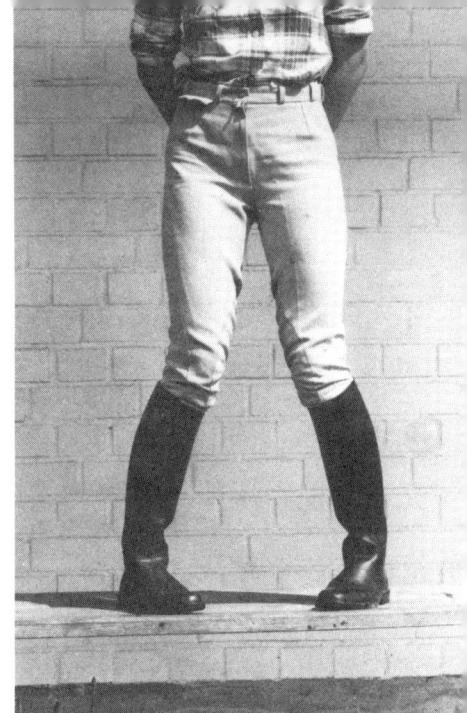

Links: Das auswärtsgedrehte Knie. Rechts: Das eingedrehte Knie

nach unten. Merkt ihr etwas? Dort, wo eure Hand liegt, treten jetzt Muskeln hervor, die eben noch nicht sichtbar waren. Diese Muskeln liegen am Pferd, wenn euer Absatz heruntergenommen ist. Sie sagen eurem Pferd „vorwärts".

Bei einem sehr feinfühligen, gut gerittenen Pferd genügt schon ein leichtes Anspannen der Muskeln, um es zum Vortreten zu bewegen. Eure Schulpferde werden sicher einen kräftigeren Druck brauchen.

Der Gegenpol zum Absatz ist der **Kopf**. Nicht ohne Grund sollt ihr ihn **hoch tragen**.

Setzt euch auf einen Stuhl und laßt den Kopf nach vorn hinunterhängen. Merkt ihr, wie auch eure Schultern nach vorne fallen?

81

*So kann es anfangs aussehen! — Beine zu weit vorn, Ober-
körper weit zurück, Hacken im Pferd.*

Nun nehmt den Kopf hoch — und gleichzeitig streckt
sich auch euer Oberkörper. Die Schulterblätter gehen
zurück. Um das Geradesitzen noch deutlicher zu
fühlen, nehmt einmal die Arme hoch über den Kopf
(kennt ihr sicher aus der Turnstunde) und tut so, als
ob hoch über euch Äpfel hängen würden, die ihr
pflücken wollt. Wenn ihr euch so gestreckt habt,
nehmt die Arme herunter und laßt sie locker an der
Seite herabhängen. Jetzt sitzt ihr ganz gerade.
Übrigens: Das könnt ihr auch auf dem Pferd üben. In
vielen Reitschulen wird ein bißchen „geturnt".
Wenn ihr jetzt noch die **Ellenbogen anwinkelt**, daß
Ober- und Unterarm einen stumpfen Winkel bilden,
die Hände zu **Fäusten** ballt und aufrecht nebenein-

Und hier das genaue Gegenteil. — Korrekte Haltung lernt man nur durch Übung, auch auf dem ,,Trockenen".

anderstellt, daß die Daumen nach oben zeigen — dann wißt ihr so ungefähr, wie ihr auf einem Pferd sitzen sollt.

INNEN UND AUSSEN: VERWIRRENDE BEGRIFFE

Wenn man bei einem Pferd von innen und außen spricht, meint man nicht einerseits Herz, Lunge und Magen und andererseits Kopf und Schweif.

Innen und außen bezieht sich auf die **Stellung** des Pferdes.

Schaut ein Pferd (unter dem Reiter) nach links, so ist es **links gestellt**. In diesem Fall ist **links** die **innere**

83

Wird es jemals so aussehen?

Seite, rechts die äußere. Schaut das Pferd nach rechts, ist es umgekehrt.

Solange ihr in der Bahn keine „fortgeschrittenen" Aufgaben reitet, gilt die Regel: links herum, **linke Hand**, links innen. Rechts herum, **rechte Hand**, rechts innen.

Für den Anfang reicht es, wenn ihr das behaltet. Die Reitlehrer reden nämlich nicht von einem linken oder rechten Schenkel (oder Zügel), sondern von einem inneren und einem äußeren.

Später, wenn ihr zum Schenkelweichen kommt (eine Gangart, bei der sich das Pferd gleichzeitig vorwärts und seitwärts bewegt), ist die Bahnmitte nicht mehr innen, sondern außen. Doch das braucht euch noch

kein Kopfzerbrechen zu bereiten. Merkt euch für später nur:
Die Richtung, in die das Pferd schaut, also gestellt ist, ist innen!
Übrigens: **Gestellt** wird ein Pferd nur in **Kopf** und **Hals**. Ansonsten steht es gerade. Wenn sich ein Pferd dagegen auf einer Kreislinie befindet, auf dem Zirkel oder in der Ecke, spricht man von **Biegung**. Das Pferd biegt sich um den inneren Schenkel.

DIE ZÜGELFÜHRUNG – ZWEI HÄNDE ZU VIEL

Vielleicht dürft ihr euch in den ersten Stunden (an der Longe) noch mit einer Hand am Sattel festhalten. Oft werden den Anfängern aber die Zügel gleich in die Hand gegeben. Das hängt ganz vom Reitlehrer ab. Um die Zügel richtig **aufzunehmen**, faßt ihr von **oben** hinein. Zeigefinger, Mittelfinger und Ringfinger liegen über dem Zügel, der kleine Finger **darunter**. Nun ballt ihr die Hand zur Faust und stellt sie aufrecht. Der kleine Finger ist jetzt der unterste, der Daumen der oberste Finger. Den Daumen legt ihr noch fest auf Zügel und Zeigefinger, wie ein Dach. Das Zügelende gehört nach rechts. Laßt es am Pferdehals herunterhängen.
Die Zügel stellen eine direkte Verbindung zwischen Pferdemaul und Reiterhand dar. Jede Bewegung, die ihr mit den Händen macht, spürt euer Pferd im Maul. Darum dürft ihr **nie am Zügel ziehen!**
Vergeßt ganz schnell, was ihr in „Bonanza" und anderen Wild-West-Filmen gesehen habt. Diese tollen Kerle, die ihre Pferde mit einer Hand lenken, auf der

Zügelhaltung bitte nicht so ...

Stelle herumreißen und im Galopp davonjagen, haben mit unserer Art zu reiten wenig zu tun. Ihre Reitart ist darum nicht verkehrter als unsere, sie ist nur anders. Diese Cowboypferde sind ganz anders zugeritten. Sie haben andere Dinge gelernt als unsere braven Schulpferde. Denkt darum bitte nicht, ihr müßtet auf eurem „Prinz" oder „Kaspar" unbedingt Wildwest spielen. Höchstwahrscheinlich würden eure Pferde gar nicht wissen, was von ihnen verlangt wird.

Um dem Pferd im Maul nicht weh zu tun, müßt ihr unbedingt versuchen, die Hände **ruhig** zu halten. Wenn die Ellenbogen locker am Oberkörper liegen und der Sitz durch Longenstunden einigermaßen fest ist, wird euch das leidlich gelingen. Wenn nicht, so

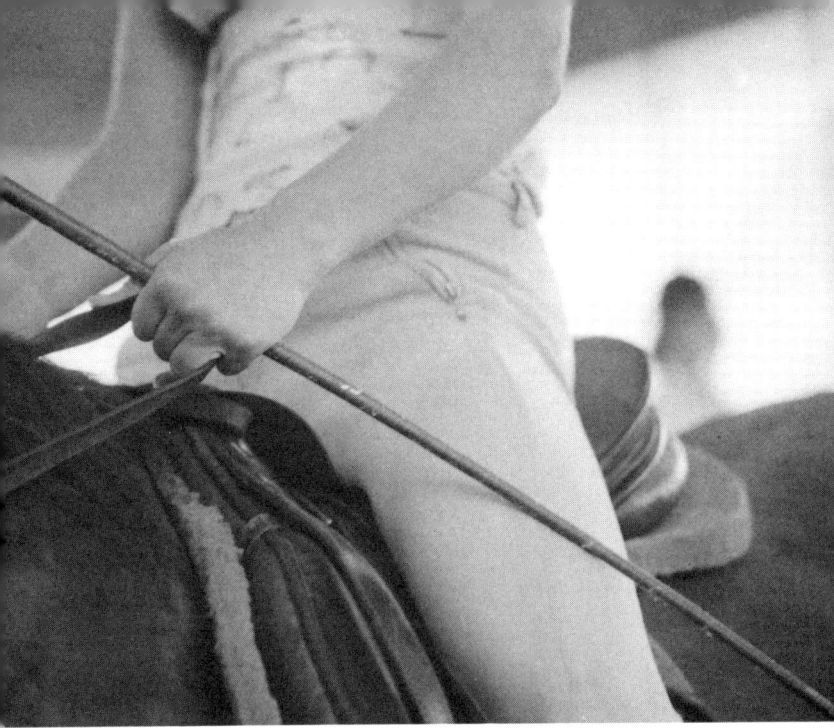

Unterarm, Faust und Zügel sollen eine gerade Linie bilden.

werdet ihr euch wundern, wie beweglich eure Hände plötzlich sind.

Jedes Schaukeln im Sattel, jede Unsicherheit, jede Verkrampfung wird über eure Hände zum Pferdemaul „geleitet". Ihr werdet anfangs nämlich genau das machen, was jeder Anfänger unwillkürlich tut: Ihr werdet versuchen euch an den Zügeln festzuhalten, wenn ihr ins Rutschen kommt! Es ist also ganz wichtig, ruhig sitzen zu lernen, damit ihr die Hände ruhig halten könnt. Ihr müßt euch Mühe geben, euch selber beobachten und Fehler, die ihr bemerkt, auch dann korrigieren, wenn der Reitlehrer gerade mal nicht zuschaut. Je kritischer ihr gegen euch selbst seid, desto schneller wird es euch gelingen, typische Anfängerfehler abzustellen. Ein bißchen Selbstdisziplin gehört zum Reiten. Denkt immer daran, daß ihr es mit einem lebenden Wesen zu tun habt.

Haltet die **Hände tief**, dicht am Sattel und knapp über dem Mähnenkamm. Hier könnt ihr euch im Notfall festhalten, in der Mähne oder am Sattel.

Laßt am Anfang die **Zügel** etwas **länger**. Nur wenn euer Reitlehrer es ausdrücklich verlangt, nehmt ihr sie kurz. — Länger bedeutet aber nicht, daß die Zügel durchhängen sollen.

Um euch die Wirkung des Gebisses einmal klarzumachen, tut folgendes: Nehmt einen Bleistift und legt ihn quer in den Mund, daß die Enden überstehen (nicht draufbeißen). Und nun drückt ihr den Bleistift mit den Fingern kräftig gegen eure Mundwinkel. Das tut ganz schön weh, nicht wahr?

Genauso weh tut es einem Pferd, wenn man rücksichtslos und unüberlegt an den Zügeln herumzerrt! Das Pferd hat das Gebiß nämlich nicht zwischen den Zähnen, sondern es wirkt auf den zahnlosen Teil des Kiefers (Laden) und gegen die Maulwinkel.

Also: die Hände immer in „rettender" Nähe des Sattels oder der Mähne behalten. Und bei jeder Unsicherheit das unhörbare Kommando: **Hände runter!** Eine weiche, immer wieder nachgebende Verbindung zum Pferdemaul kann man erst nach langer Übung herstellen. Aber jeder Reiter sollte wenigstens versuchen, seinem Pferd möglichst wenig Schmerzen zuzufügen!

Übrigens: Das Aufnehmen der Zügel könnt ihr mit einem einfachen Stück Bindfaden oder Kordel üben. Ihr braucht dazu nur das Tau mit den Enden an einer Stuhllehne festzubinden.

Anfangs mit langen Zügeln auf ausgebundenem Pferd

HILFE – DIE HILFEN!

Der Begriff „Hilfen" ist sehr einfach zu verstehen. Sie helfen dem Reiter, sich seinem Pferd verständlich zu machen, und sie sollen dem Pferd helfen, den Reiter zu verstehen.

Hilfen gibt man mit den Schenkeln, den Zügeln und durch den Sitz. Dazu kommen Stimme, Gerte und (später vielleicht) Sporen.

Die **Gewichtshilfen** geben dem Pferd die Richtung an. Belastet man beide Gesäßknochen gleichmäßig, geht das Pferd geradeaus. Verlagert man das Gewicht nur auf einen Gesäßknochen, biegt das Pferd vom Hufschlag ab, zum Beispiel auf einen Zirkel. Es folgt dem veränderten Gewicht auf seinem Rücken. Belastet man den linken Gesäßknochen, geht auch das Pferd nach links.

Mit dem **Kreuz** signalisiert man seinem Pferd das „Vorwärts". Zieht man das Kreuz an, entsteht ein mehr oder weniger starker Druck auf den Pferderücken. Diesem Druck versucht das Pferd auszuweichen. Es geht vorwärts.

Mit den **Schenkeln** kann man ein Pferd vorwärts oder seitwärts treiben. Die normale Lage des Schenkels ist am Gurt. Wenn man hier drückt, **treibt**, tritt das Pferd aus dem Halten an, oder es beschleunigt sein Tempo. Hier ist der Schenkel ein **vortreibender** Schenkel.

Der Reiterschenkel kann ein Pferd aber auch hindern, seitwärts zu treten. Als **verwahrender** Schenkel liegt er eine Handbreit hinter dem Gurt. Für das Pferd bedeutet dieser zurückgenommene Schenkel praktisch eine Wand.

Verstärkt man den Druck des zurückgenommenen Schenkels, so wird aus dem verwahrenden ein **seitwärts treibender** Schenkel. Auch hier versucht das Pferd dem Druck auszuweichen, indem es zur Seite tritt. Es weicht zum Beispiel dem linken treibenden Schenkel nach rechts aus.

Zum Antreiben oder auch zum Beruhigen kann der Reiter seine **Stimme** einsetzen. Ein faules Pferd kann er durch erhobene Stimme oder Schnalzen (nicht zu oft!) anfeuern. Ein ängstliches oder aufgeregtes Pferd durch leises Sprechen mit tiefer Stimme beruhigen. Es ist dabei gleichgültig, was man sagt. Die Hauptsache ist, daß die Stimme ruhig und überzeugend klingt. (So kann es durchaus sein, daß ich meinen

Pferden liebevoll zurede: Dumme Kuh, nun stell dich nicht an. Geh weiter oder du kommst in die Wurst.) Es kommt eben ganz auf den Ton an. Wenn ihr in den höchsten Tönen „brrr, brrr!" schreit, nützt das gar nichts. Das Pferd regt sich nur noch mehr auf.

Die **Gerte** unterstützt im allgemeinen den Schenkel. Sie wird benutzt, wenn die Kraft von Kreuz und Schenkeln allein nicht ausreicht, um ein Pferd vorwärts zu treiben. Dabei ist **ein** kurzer, energischer Schlag knapp hinter dem Schenkel besser als ein häufiges, zaghaftes Schlagen. Dieses „Kitzeln" veranlaßt ein Pferd nur zum Buckeln oder Stehenbleiben.

Mit den **Zügeln** kann man nachgebende und annehmende Hilfen geben. Man gibt nach, wenn ein Pferd vorwärts gehen soll, und nimmt die Zügel an, wenn man das Tempo verlangsamen will.

Beim **Nachgeben** dreht man die aufrecht gestellte Faust so, daß der kleine Finger vom Reiter weg in Richtung Pferdemaul zeigt. Das Pferd spürt, daß der Druck im Maul nachläßt und geht schneller.

Beim **Annehmen** der Zügel verstärkt sich der Druck auf das Maul. Es veranlaßt das Pferd zu einem langsameren Tempo oder zum Stehenbleiben. Um die Zügel anzunehmen, dreht man die Fäuste so ein, daß die kleinen Finger Richtung Brust zeigen.

Ohne ausdrückliches Kommando sollte die Verbindung zwischen Pferdemaul und Reiterhand nicht abreißen.

Beim Kommando: „**Zügel lang!**" läßt man die Zügel so weit durch die Finger rutschen (man muß dazu die Faust ein wenig öffnen), daß man die Verbindung gerade noch behält, das Pferd aber den Kopf senken und sich langmachen kann.

91

Am **hingegebenen** Zügel reitet man, wenn die Zügel durchhängen. Dann gibt man jede Verbindung auf. So reitet man gewöhnlich am Anfang der Stunde, wenn die Pferde noch „kalt" sind — auch ein Sportler macht sich warm und locker, ehe er richtig loslegt — und am Ende, um die Pferde zu belohnen.

Sporen sollte nur ein geübter Reiter tragen. Sie erhöhen die Wirkung des Schenkels ganz beträchtlich. Bei einem Anfänger, der Füße und Schenkel noch nicht unter Kontrolle hat, sind sie fehl am Platze, weil sie dem Pferd nicht helfen, sondern nur weh tun.

Übrigens: Wichtig ist, daß die treibenden Hilfen nicht „hintereinander kleckern", sondern **zusammen** gegeben werden. Kreuz **und** Schenkel **und** der nachgebende Zügel — das muß eins sein.

Ein Pferd steht dann **an den Hilfen**, wenn es bereit ist, ohne zu zögern auf alle Wünsche und Befehle seines Reiters einzugehen.

WAS MACHT MAN, WENN . . . HILFEN 2. Teil

. . . wenn man mit den Zügeln nicht zurechtkommt? Das Annehmen und Nachgeben mit den Zügeln könnt ihr auch dann üben, wenn ihr nicht auf dem Pferd sitzt. Nehmt ein starkes Gummiband und befestigt es so, daß es leicht gespannt ist, zum Beispiel an der Rückenlehne eines Stuhles. An das Gummi bindet ihr die beiden Enden eines kräftigen Bindfadens oder einer Kordel.

Setzt euch rittlings davor und nehmt den Bindfaden auf, als ob ihr Zügel vor euch hättet. Stellt die Fäuste aufrecht nebeneinander. Und nun übt ihr das Eindre-

*Die Stunde ist vorbei — ein zufriedenes Pferd am hingege-
benen Zügel.*

hen und Ausdrehen der Fäuste. Gewöhnt euch an,
nach jedem Ein- oder Ausdrehen die Fäuste einen
Augenblick lang senkrecht zu stellen. Am besten, ihr
gebt euch entsprechende Kommandos.

. . . wenn die Zügel zu lang aufgenommen sind?

Um die Zügel zu verkürzen, **nachzufassen**, nehmt ihr
beide Zügel in die linke Hand und greift mit der rechten weiter vorn in den Zügel, zu den Pferdeohren hin.
Dann nehmt ihr den linken Zügel zu dem bereits ver-
kürzten rechten und greift auch mit der linken Hand
nach. Daß dabei die linke Hand den linken Zügel ver-
kürzt und die rechte den rechten Zügel, brauche ich
wohl nicht extra zu betonen. Nach dem Verkürzen
müssen beide Zügel wieder gleich lang sein.

... wenn man mit Gerte reiten soll?

Die Gerte wird in der inneren Hand getragen. Sie wird (im Gegensatz zu den Zügeln) von allen vier Fingern umschlossen. Das dicke Ende gehört nach oben. Es darf nicht mehr als ein paar Zentimeter aus eurer Faust herausragen. Wenn die Gerte zu weit übersteht, könnt ihr euch bei einem Seitensprung eures Pferdes oder bei einem Sturz verletzen.

In manchen Reitschulen wird verlangt, daß die Gerte an der Pferdeschulter liegt. Dann müßt ihr sie senkrecht halten, so daß sie vor dem Knie liegt. Wenn der Reitlehrer auf diese Haltung Wert legt, wird er euch auch sagen, daß ihr das Pferd mit einem Gertenschlag gegen die Schulter antreiben sollt und nicht hinter dem Schenkel.

In anderen Reitschulen soll die Gerte auf dem Oberschenkel liegen und mit dem dünnen Ende nach hinten zeigen. Aus dieser Stellung kann man die Hilfen am besten geben. Ihr braucht nur eure Hand etwas seitwärts (vom Pferd weg) zu nehmen. Dann genügt schon ein Eindrehen der Faust, um das Pferd zu erreichen.

PARADEN – WAS IST DAS EIGENTLICH?

Verglichen mit einem Auto hat ein Pferd vier „Gänge". Erster Gang — Schritt, zweiter Gang — Trab, dritter Gang — Galopp und natürlich den Rückwärtsgang.

Um von einem „Gang" in den nächsten zu beschleunigen, muß man „schalten". Das tut man durch die vortreibenden Hilfen.

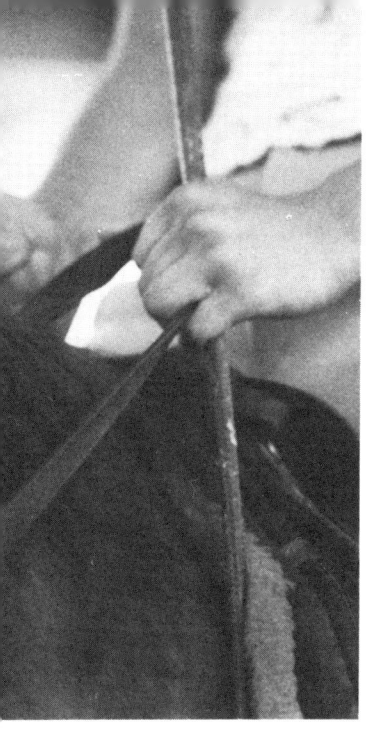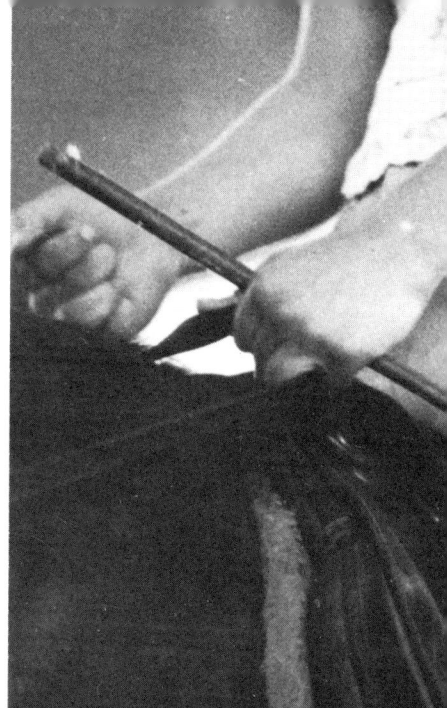

Links: Man kann die Gerte so ... Rechts: ... oder so halten,
aber das Ende sollte nicht so weit nach oben herausschauen.

Will man von einem höheren Gang in einen niedrigeren gehen, muß man wieder schalten. Dieses „Herunterschalten" sind die Paraden.

Zuerst einmal müssen wir zwischen ganzen und halben Paraden unterscheiden.

Eine ganze Parade bringt das Pferd zum Stehen.

Mit den halben Paraden macht man das Pferd aufmerksam, verlangsamt das Tempo und wechselt von einer höheren in die nächstniedrigere Gangart (Galopp/Trab).

Eine Parade – auch die halbe – setzt sich zusammen aus: vortreibenden Kreuz- und Schenkelhilfen und annehmenden Zügelhilfen.

Am Zügel ziehen ist keine Parade.

Ihr müßt euch die annehmenden Zügel wie eine elastische Wand vorstellen. Gegen diese Wand treibt ihr euer Pferd. Und da die Wand elastisch ist, fängt sie das Pferd ganz weich auf. Die **Zügel fangen nur den Schwung auf,** mit dem ihr euer Pferd vorwärts reitet. Das Vorwärtsreiten, das Treiben, wird am Anfang meistens vergessen — und dann wird aus der Parade ein wildes Gezerre am Zügel, weil das Pferd nicht stehenbleibt. Es gibt Reiter, die dabei ihren Oberkörper zurückwerfen, als wollten sie sich flach aufs Pferd legen. Aus dieser Schräglage kann man aber gar nicht mehr treiben. Es ist völlig sinnlos.

Setzt euch gerade hin und treibt mit Kreuz und Schenkeln, als ob ihr gar nicht ans Anhalten dächtet. Dann fangt ihr an, die **äußere Hand** einzudrehen, daß der kleine Finger Richtung Brust zeigt. Anschließend dreht ihr die Faust wieder in die aufrechte Stellung zurück. Das wiederholt ihr so oft, bis euer Pferd tut, was es soll. Dieses wiederholte Eindrehen und Nachgeben nennt man (zusammen mit den vortreibenden Hilfen!) „halbe Paraden geben".

Auf jedes Annehmen muß ein Nachgeben folgen!

Je sensibler das Pferd, desto weniger halbe Paraden sind notwendig. Bei Schulpferden braucht ihr bestimmt mehr und vielleicht auch härtere Paraden. Aber egal, wie oft ihr die halben Paraden wiederholen müßt, vergeßt das Nachgeben nicht. Wenn ihr euch „festzieht", zieht euer Pferd dagegen. Und dabei bleibt es allemal der Stärkere.

Bei einer ganzen Parade dreht ihr beide Fäuste gleichzeitig ein. Das erhöht die „bremsende" Wirkung. Ein feinfühliges, gut gerittenes Pferd bleibt auf dieses Annehmen hin sofort stehen, selbst aus dem Galopp.

Das angespannte Kreuz — wer macht es nach?

Bei Schulpferden muß man die ganze Parade stets mit vielen halben Paraden einleiten.

Wenn euer Reitlehrer ruft: „Gib eine Parade!", so meint er gewöhnlich eine halbe Parade. Laßt euch dadurch nicht verwirren. Im täglichen Sprachgebrauch sind ganze und halbe Paraden dasselbe (leider). Aus der jeweiligen Situation heraus weiß man aber, was gerade gemeint ist.

Übrigens: Manche Reitlehrer lassen die halben Paraden lieber mit der inneren Hand geben. Meist sind es die jüngeren, die das vorziehen. Die älteren Reitlehrer bleiben meistens dabei, die Paraden mit der äußeren Hand geben zu lassen. Was besser (oder richtiger) ist, wage ich nicht zu beurteilen.

DAS KREUZ ANSPANNEN: WIE MACHT MAN DAS?

Beinahe in jeder Stunde wird dem armen, ohnehin schon geplagten Anfänger gesagt: „Setz dich ordentlich hin, spann gefälligst dein Kreuz an!"

Ich glaube, jeder von euch würde seinem Reitlehrer gerne den Gefallen tun und mit **Kreuz** reiten. Wenn er bloß wüßte, wie.

Habt ihr schon einmal auf einer Schaukel gesessen? Dumme Frage, natürlich habt ihr. Erinnert ihr euch, wie ihr beim Schwungholen den Oberkörper zurückgenommen und den Po vorgeschoben habt? In dem Moment habt ihr das Kreuz angespannt.

Ihr könnt dieses Anspannen des Kreuzes auch noch auf andere Weise üben. Setzt euch einmal auf einen Hocker (Schemel), stellt die Füße fest neben die Stuhlbeine und „kippt" den Hocker auf die Vorderbeine, ohne mit dem Oberkörper vorzugehen. Auch dabei zieht ihr das Kreuz an.

Noch ein Beispiel: Legt euch flach auf den Rücken. Zieht die Knie an, so daß eure Fußsohlen auf dem Boden sind und die Füße leicht auseinander stehen. Versucht aus dieser Stellung den Po hochzudrücken. Dabei darf sich aber euer Rücken nicht vom Boden lösen. Der Rücken muß flach bleiben.

Stellt euch vor, ihr macht diese Bewegung auf dem Pferd. Dann würde euer Oberkörper ganz gerade bleiben. Gesäß und Hüfte würden sich vorschieben. Und genau so soll es sein.

Ob ihr es richtig macht, merkt ihr auf dem Pferd am allerdeutlichsten im Galopp. Man hat dann ein Gefühl, als würde man sich förmlich in den Sattel „hineinsaugen".

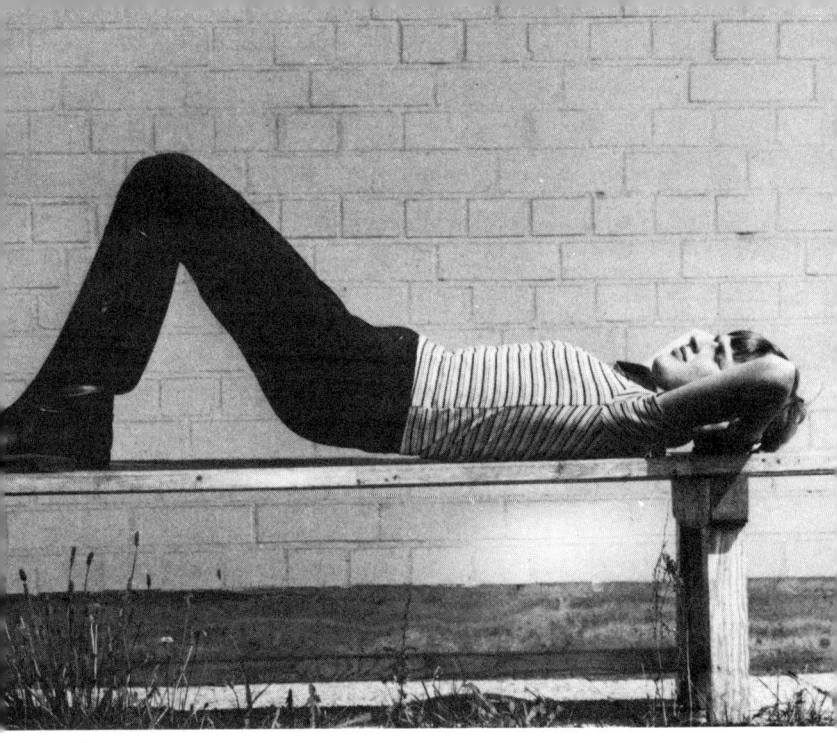

Auch so kann man das Kreuzanspannen üben.

Auch im Trab merkt ihr schnell, ob ihr richtig sitzt —
und damit richtig treibt. Euer Pferd geht dann
schwungvoll und fleißig vorwärts. **Das angespannte
Kreuz treibt das Pferd vorwärts.**

Im Schritt ist das richtige Treiben am schwierigsten.
Man kommt durch übertriebene Anstrengung sehr
leicht mit dem Oberkörper ins „Schaukeln".

Wenn also euer Reitlehrer sagt, ihr sollt gefälligst den
Oberkörper ruhig halten, dann habt ihr übertrieben.
Dann habt ihr nicht das Kreuz angespannt, sondern
nur geschaukelt.

Wenn ihr einmal herausgefunden habt, was für ein
Gefühl es ist, „mit Kreuz" zu reiten, dann vergeßt ihr
das nie wieder. Selbst wenn es zuerst nur für einen

99

kurzen Augenblick gelingt. Es ist ein Gefühl, als sitze man im Pferd und nicht nur drauf.

Übrigens: Niemand wird von euch verlangen, die ganze Stunde mit angespanntem Kreuz zu reiten. Aber bei jeder Tempo-Beschleunigung, bei jeder Parade, müßt ihr euch darum bemühen. Dann kann das Pferd euch nie „unter dem Hintern weglaufen" und hinter den Vorderpferden herrennen.

SCHRITT: VON BEQUEM BIS SCHWEISSTREIBEND

Wenn ihr euer Fahrrad in Gang setzen wollt, müßt ihr treten — wenn euer Pferd sich vorwärts bewegen soll, müßt ihr treiben. Man treibt, das wißt ihr inzwischen, mit Kreuz und Schenkel. Im Schritt hat der Reiter beim Treiben einen ganz bestimmten Rhythmus.

Im Schritt nimmt das Pferd die Beine nacheinander hoch und setzt sie vor: vorne rechts, hinten links, vorne links, hinten rechts usw.

Man treibt im Schritt abwechselnd mit dem linken und dem rechten Schenkel. Und zwar immer dann, wenn das entsprechende (gleichseitige) Hinterbein sich vom Boden hebt und nach vorne geht.

Ihr könnt diese Bewegung fühlen. Jedesmal, wenn das linke Hinterbein vorgeht, wird der Pferdebauch sozusagen nach rechts „geschoben" und umgekehrt.

Legt einmal die Schenkel (geht am besten ohne Bügel!) ganz leicht an den Pferdeleib, wenn das Pferd Schritt geht, und macht diese Bewegung des Pferdebauches ganz bewußt mit.

Wenn ihr jetzt das „Hinausschieben" des Pferdebauchs mit einem Druck des Schenkels unterstützt

100

(linker Schenkel treibt nach rechts), dann merkt ihr, wie das Pferd (wenn es nicht ganz stur ist) schneller geht. Gleichzeitig zieht euch diese Bewegung auch tiefer in den Sattel.

Wichtig ist, daß ihr nicht krampfhaft versucht das Pferd vorwärts zu treiben. Erst die Bewegung erfühlen, dann mitmachen und dann verstärken — durch ein **Treiben mit der Bewegung!**

Haltet den Oberkörper dabei ruhig. Nur die Hüften dürfen sich im Takt bewegen.

Die Hilfen zum Anreiten in den Schritt:

Ehe ihr anreitet, rate ich euch, die Zügel aufzunehmen. Dann treibt ihr mit Kreuz und beiden Schenkeln (drückt ruhig fest zu) das Pferd vorwärts und gebt gleichzeitig mit beiden Zügeln nach. Das Nachgeben darf nicht so stark sein, daß die Zügel plötzlich durchhängen. Ein Ausdrehen der Faust reicht aus.

Tritt das Pferd auf eure Hilfen nicht an, wiederholt ihr sie energischer und nehmt gleichzeitig die Gerte zu Hilfe. Wohlgemerkt, gleichzeitig! Ein Gertenschlag, der eine „halbe Stunde" nach der Schenkelhilfe kommt, ist keine Hilfe mehr, sondern eine für das Pferd unverständliche Strafe.

Gut ist es immer, das Anreiten mit einigen halben Paraden einzuleiten. Dann ist das Pferd aufmerksam, wenn es losgeht.

Wichtig ist dabei, daß ihr euch **schwer** in den Sattel setzt. Versucht nicht, das Pferd anzutreiben, indem ihr im Sattel „ruckt" oder herumrutscht. Das ist das Verkehrteste, was ihr tun könnt. Treiben könnt ihr nur, wenn ihr sitzt!

Übrigens: Wenn ein Pferd Schritt geht, spricht man von **Schritten**, die es macht.

Im Trab bewegt das Pferd immer zwei Beine zugleich. Das linke Hinterbein und das rechte Vorderbein (also das diagonale Beinpaar) werden zusammen vorgesetzt.

Die Bewegung ist für den Reiter härter als im Schritt. Sie ist auch schneller. In den ersten Stunden hat man das Gefühl, als bekäme man bei jedem Tritt, den das Pferd macht, einen Schlag unter den Hintern.

Viele Anfänger versuchen diese „Schläge" zu dämpfen, indem sie die Pobacken zusammenkneifen. Daß das falsch ist, wißt ihr längst. Je mehr es euch gelingt, euch im Sattel locker zu machen, desto weniger hart wird euch der Trab erscheinen.

Versucht immer wieder, auch wenn es zehn- und zwanzigmal mißlingt, die Knie nicht hochzuziehen, versucht die Beine lang zu lassen, versucht den Oberkörper senkrecht zu halten, die Ellenbogen am Körper, die Hände ruhig, den Kopf hoch.

Ich weiß, es ist viel leichter hingeschrieben als getan. Aber das einzige Mittel, um im Trab sitzen zu lernen, ist: **nicht verkrampfen!** Auch auf die Gefahr hin, daß ihr anfangs ab und zu ins Rutschen kommt, müßt ihr versuchen locker zu bleiben. Mit Festklemmen kommt ihr auf die Dauer nicht weiter. Ihr müßt lernen, die Stöße durch den Körper gehen zu lassen, dann stoßt ihr euch nicht — so verrückt es auch klingt. Wenn ihr im Sportunterricht über einen Schwebebalken lauft, oder wenn ihr auf einem Bordstein balanciert, versucht ihr das Gleichgewicht zu halten, um nicht „abzustürzen". Genau dasselbe müßt ihr im Grunde auch auf dem Pferd tun.

Ihr müßt lernen, im Gleichgewicht zu sitzen. Wenn ihr nach links oder rechts überhängt, dann kommt nicht nur ihr, sondern auch euer Pferd aus dem Gleichgewicht. Es wird durch die schiefe Last gestört, macht den Rücken steif und „läßt euch nicht sitzen". Falls ihr freihändig radfahren könnt, wißt ihr ungefähr, wie sich eine Störung des Gleichgewichts auswirkt (dann liegt ihr nämlich auf der Nase!). Aber fangt jetzt bitte nicht an, das freihändige Radfahren zu üben, sonst komme ich in Teufels Küche.

Übrigens: Am schnellsten lernt ihr in jeder Gangart zu sitzen, wenn ihr jeden Gedanken ans Runterfallen einfach vergeßt!

Die Hilfen zum Antraben sind im Grunde die gleichen wie zum Anreiten im Schritt.

Nehmt die Zügel eine Kleinigkeit kürzer (je schneller ihr reitet, desto kürzer die Zügel) und bereitet das Pferd wieder mit halben Paraden auf die neue Aufgabe vor. Dann treibt ihr mit Kreuz und Schenkeln energisch vorwärts, während ihr gleichzeitig mit den Zügeln „Luft" gebt. Nimmt euer Pferd die Hilfen nicht sofort an, wiederholt ihr sie etwas kräftiger, eventuell mit Unterstützung der Gerte.

Wenn ich energisch oder kräftig sage, dann meine ich nicht: mit Schenkeln und Absätzen „bolzen". Wie das aussieht, könnt ihr leicht bei anderen Reitern beobachten. Sie spreizen beide Beine vom Pferd weg und hauen sie ihm dann in die Rippen. Das sind keine Hilfen. Das ist schlicht und einfach Mist.

Erlaubt ist bei Anfängern manchmal „klopfen". Das ist ein Anlegen und Wegnehmen der Schenkel, wenn der reine Schenkeldruck noch nicht ausreicht.

Übrigens: Im Trab spricht man von Tritten.

Leichttraben – einsitzen . . .

LEICHTTRABEN: EINE ERLEICHTERUNG?

Eine notwendige Übung für jeden Reiter ist das
Leichttraben. Anders als im normalen Trab, im Aussitzen, muß er nicht jeden Tritt seines Pferdes im
Sattel aushalten. Beim Leichttraben steht der Reiter
bei einem Trabtritt auf und setzt sich beim nächsten
wieder hin.

Das hört sich einfacher an, als es zunächst ist. Man
muß nämlich den richtigen Takt finden. Jedes Pferd
hat ein anderes Tempo. Bei einem kurzen Trab muß
man schneller und häufiger aufstehen als bei einem
Pferd mit einem langen Trab.

104

. . . und aufstehen – Haltung gleich, Schenkel unverändert

Zum **Aufstehen** federt man in den Bügeln ab und drückt gleichzeitig die Knie fest an den Sattel.

Versucht das zuerst (wenn möglich) auf einem ruhig stehenden Pferd. Ihr werdet ganz schön ins Wackeln kommen und nach vorne kippen. Drückt die Schenkel etwas seitlich vom Pferd weg, dann geht es leichter.

Ist das Aufstehen allein schon schwierig, so ist das Aufstehen in der Bewegung noch komplizierter. Das Pferd bewegt sich ja ständig vorwärts. Ihr dürft also nicht senkrecht aufstehen wie von einem Stuhl, sondern ihr müßt euch gleichzeitig nach vorne bewegen, um das Vorwärts des Pferdes auszugleichen. Im Mo-

105

Wenn man sich nicht in Knie und Bügel abstützt, fliegen die Beine nach vorn.

ment des Aufstehens müßt ihr **die Hüfte vorschieben**, ohne mit dem Oberkörper nach vorne zu fallen. Ihr könnt das üben:

Setzt euch rittlings auf einen Stuhl, der keine harten Kanten hat, drückt die Knie ran, hebt euch und macht dabei diese Vorwärtsbewegung mit Hüfte und Gesäß. Auf dem Pferd könnt ihr euch helfen, indem ihr im Takt der Trabtritte zählt: eins-zwei, eins-zwei, eins-zwei oder auch: hoch-runter, hoch-runter, hoch-runter. Wer von euch ein gutes Gefühl für Rhythmus hat, wird es am schnellsten heraushaben.

Am Anfang einer Stunde dient das Leichttraben dazu, Reiter und Pferd locker zu machen. Im Gelände hat es den Vorteil, daß die Pferde nicht so schnell ermü-

Und so sieht es zuerst aus — Knie und Absatz sind hochgezogen.

den — vorausgesetzt natürlich, daß der Reiter das Leichttraben wirklich beherrscht. Solange er die Vorwärtsbewegung vergißt und seinem Pferd wie ein Mehlsack in den Rücken fällt, empfindet es das Leichttraben bestimmt nicht als Erleichterung.

Das Leichttraben auf dem richtigen Fuß:

Fast jeder Reitschüler lernt den Ruf seines Reitlehrers: „Du trabst auf dem falschen Fuß!" fürchten. Dabei kann man diese Korrektur vermeiden, indem man sich selbst kontrolliert.

Ihr sollt auf dem **inneren Hinterfuß** leichttraben. Das bedeutet: Ihr müßt aufstehen, wenn der innere Hinterfuß vorgesetzt wird, und euch setzen, wenn der Fuß aufgesetzt wird.

107

Nur könnt ihr am Anfang unmöglich fühlen, ob ihr auf dem **richtigen Fuß** trabt. Darum müßt ihr euch auf andere Weise helfen.

Erinnert euch daran, daß der Trab ein Zweitakt ist. Wenn der innere Hinterfuß vorgeht, geht gleichzeitig auch das **äußere Vorderbein** vor – und damit die **äußere Schulter** des Pferdes.

Ihr braucht nur auf die äußere Schulter zu achten. Sie soll vorgehen, wenn ihr aufsteht. Dann seid ihr im Einklang mit dem inneren Hinterfuß.

Im Klartext: Auf der **rechten Hand** geht die **linke Schulter** vor, wenn ihr **aufsteht**. Auf der linken Hand entsprechend die rechte Schulter.

Starrt aber bitte nicht die ganze Zeit angestrengt auf die Pferdeschulter. Ein kurzer Blick von Zeit zu Zeit genügt zur Kontrolle. Im übrigen gehört euer Blick nach vorn.

Wenn ihr von einer Hand auf die andere **wechselt** müßt ihr **umsitzen**. Ihr müßt beim Handwechsel auch den Fuß wechseln.

Bleibt **einen Takt** (den ihr sonst aufsteht) im Sattel sitzen und zählt dabei anstatt:

Hoch-runter, hoch-runter, hoch-runter wie bisher, nun: Hoch-runter-runter (das zweite Runter ist der Wechsel), hoch-runter, hoch-runter (damit seid ihr dann in dem neuen Takt). Dann habt ihr einen korrekten Wechsel.

Übrigens: Wenn ihr an einen Reitlehrer geratet, der verlangt, daß ihr auf dem äußeren Hinterfuß leichttraben sollt, braucht ihr die ganze Geschichte nur umzudrehen und euch nach der inneren Schulter zu richten. Oder ihr schaut auf die äußere Schulter und steht einfach auf, wenn die Schulter zurückgeht.

Die Meinung der Reitlehrer geht auch in diesem Punkt (genau wie bei den Paraden) auseinander, und ihr müßt euch danach richten, was bei euch verlangt wird.

GALOPP: HIMMEL AUF ERDEN?

Ein Pferd kann zwei Arten von Galopp gehen, nämlich **Rechtsgalopp** und **Linksgalopp**. Im Rechtsgalopp springen die Pferdebeine vor:
Linkes Hinterbein, rechtes Hinterbein und linkes Vorderbein gleichzeitig, rechtes Vorderbein. Das rechte Beinpaar (Vorder- und Hinterbein) greift dabei weiter vor als das linke.
Der Linksgalopp sieht umgekehrt aus:
Rechtes Hinterbein, linkes Hinterbein und rechtes Vorderbein gleichzeitig, linkes Vorderbein. Dabei greift das linke Beinpaar weiter vor als das rechte.
Der Galopp ist übrigens ein **Dreitakt**, etwa so: ram-ta-ta, ram-ta-ta, ram-ta-ta ... Für den Reiter entsteht dabei eine Art Schaukelbewegung.
In der Bahn reitet man (in der Regel, es gibt Ausnahmen) auf der rechten Hand Rechtsgalopp, auf der linken Hand Linksgalopp.
Solange ihr noch nicht fühlen könnt, ob euer Pferd Rechts- oder Linksgalopp geht, müßt ihr euch darauf verlassen, daß der Reitlehrer euch korrigiert. Er ruft dann: „Falscher Galopp!" Damit meint er, daß euer Pferd auf der linken Hand im Rechtsgalopp geht und umgekehrt. Man kann für „falscher Galopp" auch „verkehrter" oder „Kontergalopp" sagen. Gemeint ist dasselbe.

Wenn ihr erst ein bißchen mehr Praxis habt, könnt ihr den Galopp durch einen Blick auf die Pferdeschulter kontrollieren. Da (z. B.) im Linksgalopp das linke Beinpaar weiter vorspringt, schiebt sich auch die linke Schulter des Pferdes weiter vor als die rechte. Aber um das zu erkennen, braucht ihr schon ein bißchen Übung.

Hier hilft euch das Zuschauen bei Reitstunden anderer Schüler weiter. Seht den Pferden auf die Beine, auch wenn euch zunächst fast schwindelig davon wird. Mit der Zeit erkennt ihr auf den ersten Blick, ob ein Pferd Rechts- oder Linksgalopp geht.

Übrigens: Wenn ihr das Gefühl habt, in den Ecken nach außen zu fliegen, dann reitet ihr todsicher falschen Galopp!

Die Hilfen zum Galopp:

Je nachdem, ob ihr Links- oder Rechtsgalopp reiten wollt, müßt ihr entsprechende Hilfen geben. Wir wollen das Angaloppieren einmal für den Linksgalopp durchgehen:

Ihr befindet euch auf der linken Hand. Dabei ist es gleichgültig, ob ihr Trab oder Schritt reitet. Die Hilfen zum Galopp sind aus beiden Gangarten die gleichen. Nehmt die Zügel kurz, den inneren (linken) etwas kürzer als den äußeren (rechten).

Legt den äußeren (rechten) Schenkel gut eine Handbreit hinter den Gurt. Er hat nur eine verwahrende Wirkung. Er sorgt dafür, daß das Pferd nicht plötzlich seitwärts läuft, anstatt anzugaloppieren.

Der innere (linke) Schenkel treibt durch Druck am Gurt das Pferd in den Galopp hinein.

Macht das innere Bein dabei ganz lang, ohne in der Hüfte einzuknicken. Dann belastet ihr den inneren

In der Hüfte eingeknickt

Gesäßknochen. Dadurch wird die innere Hüfte stärker in die Bewegung hineingezogen als die äußere.

Auch die innere Schulter muß etwas vor der äußeren sein. Wenn ihr etwas nach außen schaut (zum äußeren Pferdeohr) statt ganz geradeaus, kommt diese „Verschiebung" automatisch.

Meistens wird in der Ecke oder auf dem Zirkel angaloppiert. Hier ist das Pferd sowieso nach innen gestellt. Dadurch springt es leichter im richtigen Galopp an, auch wenn eure Hilfen vielleicht noch nicht ganz klar verständlich, **sauber**, sind. Auf der Geraden kann es passieren, daß das Pferd auf eure Hilfen in einen rasenden Trab fällt, der euch fast aus dem Sattel

111

Abstände, Abstände! Und die Ecke ist auch woanders.

hebt. Auf der Kreislinie muß sich das Pferd dagegen
biegen, es kann nicht so „weglaufen".

Auch im Galopp muß der Oberkörper senkrecht zum
Pferderücken bleiben, darum: **Legt euch nicht in die
Kurve!** Nur die Schenkel dürfen ihre Lage verändern,
der Sitz nicht. Wenn ihr euch mit dem Oberkörper in
die Kurve legt (der Galopp verführt dazu!), knickt ihr
in der Hüfte ein. Dann belastet ihr nicht mehr den
inneren Gesäßknochen, sondern den äußeren — und
schon sind eure Hilfen falsch. Dazu bringt ihr durch
das Einknicken das Pferd aus dem Gleichgewicht.

Stellt euch vor, ihr sitzt auf einem Fahrrad und fahrt
in ziemlichem Tempo eine gerade Strecke. Vor euch
seht ihr eine Kurve. Wie fahrt ihr sie an?

Auch das kann passieren! — Wohin so eilig?

Ich wette, ihr legt euch mit dem Rad in die Kurve, das heißt, euer Oberkörper und das Rad bilden noch immer eine gerade Linie.

Nun stellt euch vor, ihr haltet bei dem gleichen Manöver das Rad senkrecht zur Straße, und nur ihr selber legt euch in die Kurve (knickt in der Hüfte ein). Dann gibt es einen großen Knall — und ihr liegt auf der Nase, weil ihr aus dem Gleichgewicht gekommen seid. Wer es nicht glaubt, kann es gerne ausprobieren! So wie ihr mit einem plötzlichen Einknicken euer Rad (und euch selbst) aus dem Gleis bringt, bringt ihr auch das Pferd aus dem Gleichgewicht. Es kann eure Hilfen nicht befolgen, weil es sie nicht mehr versteht! Wenn das Pferd also trotz (oder wegen) eurer Hilfen

113

So soll es aussehen — korrekt gestelltes und tief in die Ecke gerittenes Pferd.

falsch angaloppiert, seid ihr mit ziemlicher Sicherheit in der Hüfte eingeknickt. Den falschen Galopp könnt ihr nur korrigieren, indem ihr euer Pferd in den Trab zurücknehmt und in der nächsten Ecke neu angaloppiert.

Im Galopp gibt es, genau wie im Trab, verschiedene **Tempi.** Das, was ihr in der Bahn reitet, ist normalerweise ein **Arbeitsgalopp.**

Übrigens: Im Galopp spricht man von **Sprüngen.**

Zum Schluß noch ein Tip für alle drei Gangarten: Versucht immer, **selbständig** anzureiten. Laßt das Pferd nicht hinter dem Vorderpferd hereilen. Je mehr es sich auf seinen Vordermann konzentriert, desto weniger achtet es auf eure Hilfen!

114

Ihr wißt dann nie: Ist es nun angaloppiert (ange-
trabt), weil meine Hilfen richtig waren, oder will es
bloß den Anschluß nicht verpassen?
Reitet auch in der Abteilung mit halben Paraden. Dadurch bleibt euer Pferd aufmerksam. Und wenn es
wirklich einmal dem Vorderpferd folgt, zieht euch
nicht fest. **Fangt das Tempo mit halben Paraden auf!**

ABSITZEN UND „ABWARTEN"

Die meisten Reitlehrer lassen ihre Abteilung am Ende
der Stunde auf der Mittellinie **aufmarschieren** und
geben dann das Kommando zum Absitzen. Wenn
nichts angeordnet wird, sucht sich jeder Reiter einen
Platz in der Bahn, wo er niemanden behindert.
Stellt euch mit eurem Pferd in den Zirkel, dort seid
ihr gut aufgehoben. Manchmal kommen ja schon andere Pferde in die Bahn, während eine Abteilung
noch absitzt.
Nehmt zum Absitzen beide Zügel in die linke Hand
und stützt diese (wie beim Aufsitzen) fest auf den
Mähnenkamm.
Die **rechte Hand** legt ihr auf die vordere rechte Sattel-
kante oder Pausche.
Nehmt den **rechten Fuß** aus dem Bügel und schwingt
das rechte Bein über die Kruppe auf die linke Seite.
Nun seid ihr wieder im Stütz. Das Gewicht ruht auf
dem linken Steigbügel.
Jetzt nehmt ihr auch den **linken Fuß** aus dem Bügel.
Drückt euch mit beiden Händen etwas vom Sattel ab
und springt auf den Boden. Federt beim Aufspringen
ein bißchen in den Knien.

Faßt beim Absitzen die Zügel nicht zu kurz, sonst bekommt das Pferd beim Abspringen einen schmerzhaften Ruck ins Maul, wenn die linke Hand nicht ganz fest liegt.

Wer ganz elegant absitzen will, nimmt gleich beide Füße aus den Bügeln und springt mit einem Satz ab, indem er mit beiden Beinen Schwung holt und sich mit den Händen gut abdrückt.

Abgesessen wird nach links!

Nach dem Absitzen werden die **Steigbügel** am unteren Bügelriemen **hochgeschoben** und beide Riemen dann von oben durch den Bügel gesteckt. Vergeßt den rechten nicht.

Anschließend lockert ihr den Sattelgurt, indem ihr ihn löst und ins letzte oder vorletzte Loch (von oben gerechnet) des Riemens schnallt. Laßt den Gurt auf keinen Fall hängen!

In manchen Reitschulen werden schon in der Bahn der Kinn- und der Kehlriemen gelöst, damit man die Trense nachher schneller herunternehmen kann. Das ist wichtig, wenn schon Futter in der Krippe ist. Aber weil das in jeder Reitschule anders ist, müßt ihr euch danach richten, was euer Reitlehrer sagt.

Auf jeden Fall aber müßt ihr die Ausbinder abmachen und am Sattel einhaken.

Im Ständer legt ihr eurem Pferd zuerst das Halfter wieder um den Hals, damit es nicht ausrücken kann. Dann löst ihr den Kehlriemen und den Kinnriemen — wenn ihr es nicht schon in der Bahn gemacht habt.

Faßt mit der **rechten Hand** das **Genickstück** und streift es nach vorn über die Pferdeohren. Wenn das Pferd jetzt „erlöst" das Maul öffnet, rutscht das Gebiß ohne eure Hilfe heraus. Streift die Trense nicht

Bereit zum Absitzen

zu schnell ab, sonst schlägt das Gebiß dem Pferd
empfindlich gegen die Zähne.
Wenn die Zügel während des Führens auf dem Hals
lagen, nehmt ihr sie nun herunter.
Habt ihr die Trense abgenommen, legt ihr das Halfter
richtig um den Kopf.
Die Schnalle gehört auf die linke Seite, das lange
Riemenstück auf die rechte. Es wird hinter den
Ohren über den Pferdehals geworfen und dann links
eingeschnallt.
Wie eng das Halfter sitzen muß, seht ihr an einer
Kerbe im Leder über dem richtigen Loch. Das kommt
vom ständigen Gebrauch.

Nun könnt ihr auch den Sattel abnehmen. Löst beide Schnallen und laßt den Gurt sachte rutschen, damit er dem Pferd nicht gegen die Beine schlägt.

Faßt mit der linken Hand von vorne unter den Sattel und hebt ihn herunter. Den Gurt fangt ihr mit der rechten Hand auf und schlagt ihn über, damit er nicht über den Boden schleift.

Spätestens jetzt ist der richtige Augenblick für eine **Belohnung** eures Pferdes. Wenn ihr es nicht schon längst verwöhnt habt.

Wenn ihr ein Pferd in die Box zurückbringt, nehmt ihr erst den Sattel ab und bringt ihn in Sicherheit. Hängt ihn über die Boxentür, oder legt ihn vorsichtig auf die Stallgasse. Aber so, daß niemand darüber stolpern kann. Dann dreht ihr das Pferd mit dem Kopf zur Tür, und **erst dann** nehmt ihr die Trense ab!

Viele Pferde mögen sich nach dem Reiten gerne **wälzen**, um den Schweiß aus dem Fell zu scheuern. Wenn ihr das Tier beim Zurückbringen in Richtung Tür gedreht habt, kann euch nichts geschehen. Ihr könnt ungehindert hinaus.

Vergeßt ihr aber das Herumdrehen, kann es vorkommen, daß ihr an dem sich niederlegenden Pferd nicht mehr vorbeikommt — und da Pferde beim Wälzen gewöhnlich mit den Beinen „strampeln", ist das nicht ganz ungefährlich.

Bevor ihr die Trense weghängt, müßt ihr unbedingt das Gebiß abwischen oder, was besser ist, abwaschen. Es darf kein Rest von Brot oder Zucker daran kleben bleiben. Diese Reste werden hart und tun beim nächsten Aufzäumen dem Maul weh.

In den Pferdehufen sitzt nach der Stunde schon wieder Dreck. Ihr müßt sie noch einmal säubern.

Wenn ihr außerdem vor der Stunde keine Gelegenheit hattet, euer Pferd zu putzen, weil es bereits unter einem anderen Reiter in einer anderen Abteilung ging, so holt ihr das am besten jetzt nach. Vor allem die Sattellage solltet ihr auf Schweißränder kontrollieren.

Nur wenn gerade Futter gegeben wird oder schon in der Krippe ist, seid ihr vom Putzen „befreit". Beim Fressen will auch ein Pferd seine Ruhe haben.

Bemüht euch darum, das Pferd immer **trocken** in den Stall zurückzubringen. Vorausgesetzt, daß das möglich ist, reitet ihr am Ende der Stunde ein paar Runden am langen Zügel. Oder ihr sitzt ab, lockert den Gurt und führt euer Pferd einige Runden in der Bahn, bis das Fell trocken ist.

Im Sommer, wenn es sehr heiß ist, kann man die Sattellage mit einem feuchten Schwamm auswaschen, damit sich der Schweiß sofort löst und nicht erst eine harte Kruste bildet. Auch die Beine haben es bei Hitze gern, wenn sie ein kühles „Bad" bekommen.

In manchen Ställen werden die Pferdebeine nach dem Reiten abgespritzt oder abgewaschen. Das kühlt die Sehnen.

Übrigens: Wenn euer Pferd nicht in den Stall zurückgebracht wird, sondern noch eine weitere Stunde **geht**, dürft ihr weder Gurt noch Trense lösen!

DIE HUFSCHLAGFIGUREN: „STRASSEN" DER REITER

Wenn der Reitlehrer euch von der Longe befreit und in eine Abteilung steckt, wird es Zeit, daß ihr euch mit den **Hufschlag-** oder **Bahnfiguren** beschäftigt.

Die Reitbahn hat **zwei kurze** und **zwei lange Seiten.**
Die kurzen Seiten sind in der Regel zwanzig Meter
lang, die langen vierzig Meter.
Außen an der **Bande** entlang führt der **Hufschlag.**
Manchmal ist er fast unsichtbar, manchmal gleicht er
einer ausgefahrenen Rinne. In den vier Ecken ist er
abgerundet.
Neben dem eigentlichen Hufschlag gibt es noch einen
zweiten Hufschlag. Er liegt etwa zwei Meter weiter
zur Bahnmitte hin.
An der Bande, hauptsächlich an den langen Seiten,
sind Zeichen gemalt: Punkte, Kreise, Kreuze, Striche
oder Buchstaben. Man nennt diese Punkte **Bahnpunkte.** Es sind Anhaltspunkte für die verschiedenen Hufschlagfiguren.
An der Mitte der langen Seite (an beiden natürlich!)
ist der **HB-Punkt** angemalt. **HB** heißt weiter nichts als
halbe Bahn. (Nach dem neuen Aufgabenheft gemäß
LPO Ausgabe 76 sind die HB-Punkte durch andere
Buchstaben ersetzt.)
Zwischen dem HB-Punkt und der kurzen Seite liegt
der **Zirkelpunkt.** Ebenso an der Mitte der kurzen Seite. Insgesamt sind es **sechs** Zirkelpunkte, die man
sieht. Zwei an jeder langen Seite und einer an jeder
kurzen. Ein siebter, unsichtbarer Zirkelpunkt liegt
auf der gedachten Linie zwischen den beiden HB-
Punkten. Am Anfang und am Ende jeder langen Seite
gibt es noch einen **Wechselpunkt.**
Für alle Hufschlagfiguren gibt es ganz bestimmte
Kommandos. Das einfachste heißt: **Ganze Bahn!**
Man reitet dann auf dem Hufschlag immer an der
Bande entlang.
Rechts: Schemazeichnung einer Reitbahn

120

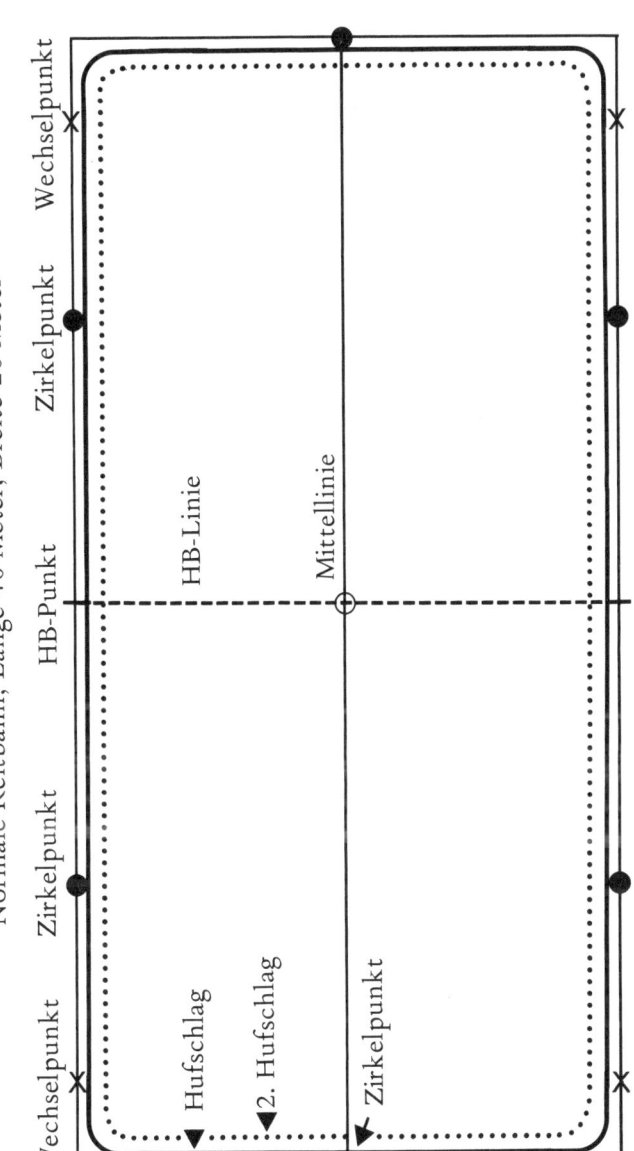

Normale Reitbahn, Länge 40 Meter, Breite 20 Meter

Wechselpunkt

Zirkelpunkt

HB-Punkt

HB-Linie

Mittellinie

Zirkelpunkt

Wechselpunkt

Hufschlag

2. Hufschlag

Zirkelpunkt

Durch die ganze Bahn wechseln!
Ihr durchreitet die Ecke von der kurzen zur langen
Seite. Vom Wechselpunkt reitet ihr schräg, diagonal,
durch die Bahn zum schräg gegenüberliegenden Wechselpunkt am Ende der zweiten langen Seite. Nun seid
ihr auf der **anderen Hand** und reitet auf dem Hufschlag weiter.

Durch die halbe Bahn wechseln!
Jetzt reitet ihr vom Beginn (Wechselpunkt) der langen Seite schräg durch die Bahn zum HB-Punkt und
von dort auf der anderen Hand auf dem Hufschlag
weiter.

Durch die Länge der Bahn wechseln!
Ihr wendet knapp vor dem Zirkelpunkt der kurzen Seite vom Hufschlag ab und reitet auf der **Mittellinie** par-
allel zu den langen Seiten zur gegenüberliegenden kurzen Seite. Dort geht ihr auf die andere Hand.

Durch die Länge der Bahn geritten!
Das Abwenden geschieht genau wie beim vorher-
gehenden Kommando. Ihr reitet auch diesmal auf der
Mittellinie zur gegenüberliegenden kurzen Seite. Aber
nun bleibt ihr auf **derselben** Hand. Ihr müßt also auf
der linken Hand nach links abwenden und bei Erreichen des Hufschlags wieder auf die linke Hand gehen.

Halbe Bahn!
Wenn Halbe Bahn ohne Zusatz durch . . . (die Bahn)
wechseln kommandiert wird, reitet ihr bis zum
HB-Punkt auf dem Hufschlag. Hier wendet ihr nach
links bzw. nach rechts ab (je nachdem, auf welcher
Hand ihr gerade seid) und reitet **geradeaus** auf den gegenüberliegenden HB-Punkt zu. Hier geht ihr wieder
auf den Hufschlag. Wenn nichts anderes angesagt wird,
bleibt ihr auf derselben Hand wie vorher.

122

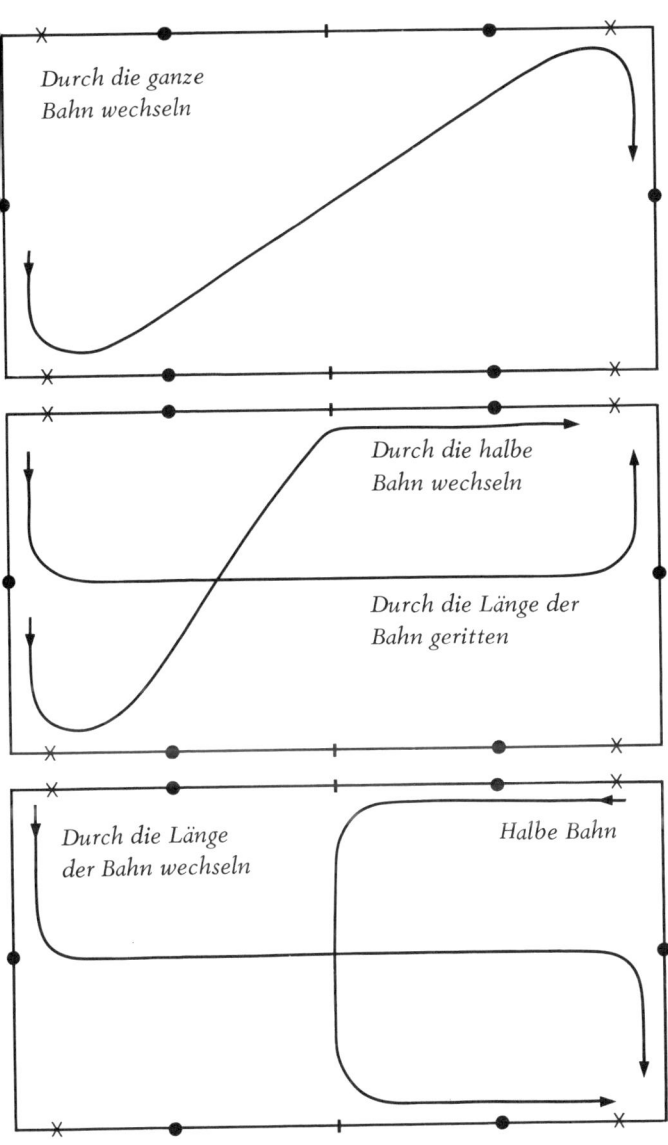

Durch die ganze
Bahn wechseln

Durch die halbe
Bahn wechseln

Durch die Länge der
Bahn geritten

Durch die Länge
der Bahn wechseln

Halbe Bahn

123

Ganze Bahn!

Auf dem Zirkel geritten!
Ein Zirkel ist ein Kreis. Er ist so groß, daß ihr an drei Stellen, nämlich den Zirkelpunkten, den Hufschlag erreicht. An den Zirkelpunkten reitet ihr immer **eine Pferdelänge** geradeaus. Dann biegt ihr erneut auf die Kreislinie ab. Zur Bahnmitte müßt ihr den Zirkel so groß ausreiten, daß ihr die HB-Linie erreicht, auf der ja der vierte, unsichtbare Zirkelpunkt liegt.
Aus dem Zirkel wechseln!
Reitet den Zirkel aus, bis ihr die HB-Linie erreicht habt. Hier reitet ihr eine Pferdelänge geradeaus und biegt dann auf den **anderen** Zirkel ein, wo ihr auf der anderen Hand weiterreitet. Ihr bleibt so lange auf dem neuen Zirkel, bis etwas anderes kommandiert wird.

Wenn ihr den ersten Zirkel auf der linken Hand in der oberen Hälfte der Bahn geritten habt, müßt ihr den zweiten Zirkel auf der rechten Hand in der unteren Bahnhälfte reiten.

Durch den Zirkel wechseln!

Jetzt reitet ihr den Zirkel bis zum Zirkelpunkt der langen Seite, die auf die kurze Seite folgt. Von dort aus „legt" ihr eine Acht in die Bahnmitte und kommt auf dem gegenüberliegenden Zirkelpunkt wieder auf den Hufschlag, aber nun wieder auf der anderen Hand. Der Wechsel von (z. B.) der rechten auf die linke Hand geschieht auf der Mittellinie. Ihr dürft sie nicht nur kreuzen, sondern ihr müßt eine Pferdelänge auf ihr entlang reiten.

Volte-Marsch!

Eine Volte ist ein kleiner Kreis von sechs oder acht Schritt Durchmesser, den ihr in die Bahn „legt". Das bedeutet: Ihr müßt den Hufschlag an derselben Stelle wieder erreichen, an der ihr ihn verlassen habt.
Eine Volte darf erst auf das Kommando „Marsch" begonnen werden.

Aus der nächsten Ecke kehrt!

Ihr reitet bis zum Ende der Seite, auf der ihr euch gerade befindet und kehrt um, indem ihr aus der Ecke heraus einen Bogen reitet, der zum Hufschlag zurückführt. Der Bogen ist etwas kleiner als eine Volte. Natürlich wechselt ihr dabei die Hand.

Einfache Schlangenlinie!

Eine einfache Schlangenlinie reitet man immer an einer langen Seite, nie an einer kurzen.
Reitet vom ersten Wechselpunkt einen Bogen in die Bahn. Bei Erreichen der HB-Linie soll der Abstand zum Hufschlag etwa acht Schritt betragen. Von die-

Die doppelte Schlangenlinie

ser Stelle aus reitet ihr zum Hufschlag zurück. Erreichen sollt ihr ihn am zweiten Wechselpunkt.

Doppelte Schlangenlinie!

Jetzt müßt ihr zwei Bögen hintereinander reiten. Dafür braucht ihr sie aber nicht so groß auszureiten wie
bei der einfachen Schlangenlinie. Die doppelte
Schlangenlinie wird „flacher" geritten (Abstand zur
Bande an den Zirkelpunkten: 2,5 Meter).

Der erste Bogen beginnt wieder am Wechselpunkt
und ist am HB-Punkt beendet. Reitet eine Pferdelänge auf dem Hufschlag und beginnt dann den zweiten Bogen, der wieder am Wechselpunkt enden soll.
Bei der einfachen und der doppelten Schlangenlinie
bleibt ihr (logischerweise) auf derselben Hand.

126

Schlangenlinie durch die ganze Bahn

Schlangenlinie durch die ganze Bahn, drei (oder vier, fünf, sechs) **Bogen**!

Jetzt wird es kompliziert. Je nachdem, wie viele Bogen ihr reiten sollt, müßt ihr euch den Ritt genau einteilen.

Bei **drei Bogen** reitet ihr sie **weiter** und **größer** — fünf oder sechs entsprechend **enger** und **kleiner**.

Schon das erste Abwenden vom Hufschlag gilt als ganzer Bogen. Jeder Bogen wird bis zur gegenüberliegenden Seite geritten.

Bei drei beziehungsweise fünf Bogen seid ihr bei Beendigung der Aufgabe auf derselben Hand. Bei vier beziehungsweise sechs Bogen seid ihr hinterher auf der anderen Hand.

Für alle Hufschlagfiguren ist es wichtig, daß ihr tief in die Ecken reitet — ausgenommen beim Zirkel. Ein Kreis hat bekanntlich keine Ecken. In der Abteilung gilt ein Kommando immer von dem Punkt, an dem sich der erste Reiter, der Tetenreiter, gerade befindet. Die nachfolgenden Reiter beginnen die Figur erst mit Erreichen dieses Punktes.

Hat ein Pferd erst einmal die Ecken abgekürzt, um hinter dem Vorderpferd her zu eilen, so ist es für die nachfolgenden Reiter einer Anfängerabteilung sehr schwierig (wenn nicht unmöglich), ihre Pferde bis in die Ecke zu reiten. Sie eilen unverdrossen, und ohne sich um ihre Reiter zu kümmern, hinterher. Dabei wird das Viereck dann zum Oval umgestaltet, und ein „aus dem Zirkel wechseln" ist bei den letzten Reitern nur noch ein „durch die ganze Bahn wechseln".

Bleibt euer Pferd zurück, beispielsweise im Schritt, dann saust nicht plötzlich Trab hinter den anderen her. Besser ist es, den Abstand zu verkürzen, indem ihr die lange Seite nicht bis zur Ecke reitet, sondern schon eher abbiegt und quer durch die Bahn den Anschluß sucht.

Übrigens: Ihr könnt die Hufschlagfiguren bei allen möglichen Gelegenheiten üben.

Ihr könnt sie aufzeichnen und hinterher kontrollieren (z. B. nach einem Lehrbuch).

Ihr könnt euch gegenseitig abfragen. Ihr könnt euch (im Garten) ein Viereck abstecken und die Figuren abgehen.

Ich habe die Hufschlagfiguren eine Zeitlang sogar im Freibad abgeschwommen, wenn ich genügend Platz hatte. Und wenn ihr euch trotzdem verreitet — für jeden kommt ja mal der Zeitpunkt, daß er Tetenreiter ist —, dann tröstet euch. Das kommt in den besten Reiterfamilien vor.

Übrigens: Auf allen gebogenen Linien (Zirkel, Volte, Schlangenlinie) soll das Pferd nach innen gestellt sein. Bei den Schlangenlinien müßt ihr es darum immer wieder **umstellen**.

Zu den Hufschlagfiguren gehört im weiteren Sinn auch die **Vorhandwendung**. Auch hierbei vollzieht man einen Handwechsel. Allerdings macht man eine Vorhandwendung nicht aus der Bewegung, sondern immer aus dem **Halten**.

Bei der Vorhandwendung tritt das Pferd mit der Hinterhand um die Vorhand herum. Die Vorhand bleibt dabei auf dem Hufschlag, der Kopf zur Bande gerichtet. Das Vorderbein, das der Bande näher steht (das äußere) ist der „Drehpunkt". Auf der linken Hand ist es das rechte Vorderbein, auf der rechten Hand das linke. Dieses Bein tritt auf der Stelle, während sich das Pferd um die eigene Achse dreht. Nach der Wendung schaut das Pferd dann in die entgegengesetzte Richtung.

Je nachdem, auf welcher Hand ihr euch befindet, lautet das Kommando: **Auf der Vorhand rechtsum (linksum) kehrt!**

Wir wollen die Vorhandwendung einmal Schritt für Schritt durchgehen.

Ihr befindet euch (z. B.) auf der linken Hand. Folglich müßt ihr „rechtsum kehrt" machen. Das rechte Vorderbein tritt also auf der Stelle. Soweit klar?

Nun stellt ihr das Pferd durch Verkürzen des rechten Zügels nach rechts ein, daß es zur Bande schaut.

Den linken Zügel müßt ihr gut festhalten, **anstehen lassen**, den linken Schenkel verwahrend hinter den

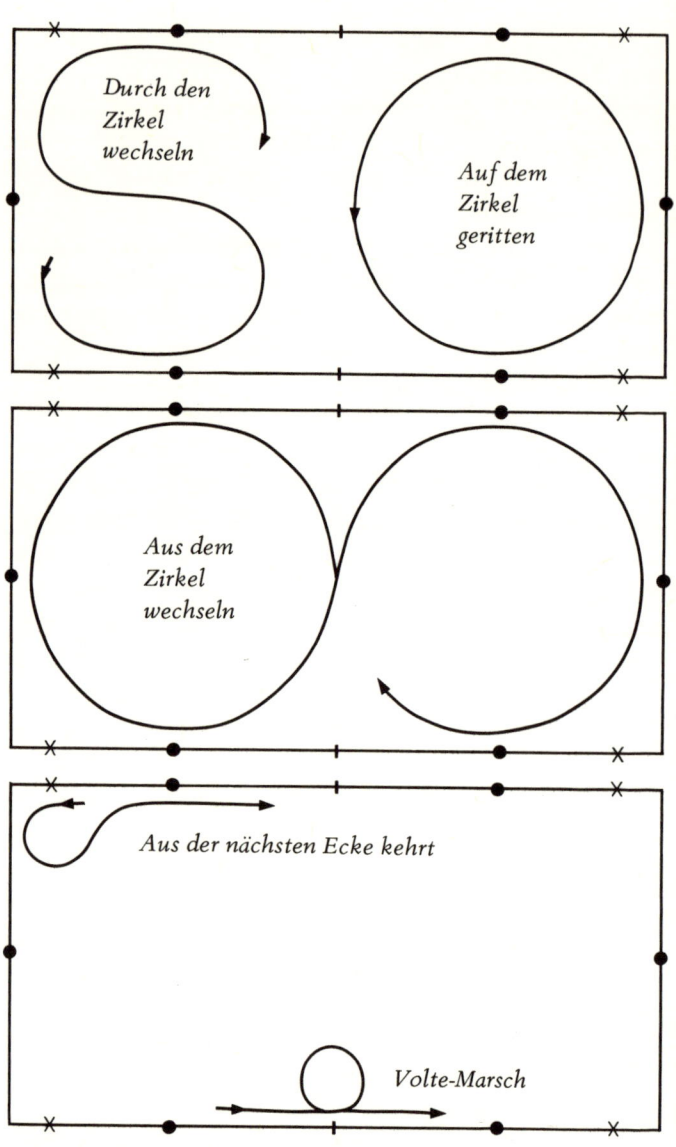

Durch den Zirkel wechseln

Auf dem Zirkel geritten

Aus dem Zirkel wechseln

Aus der nächsten Ecke kehrt

Volte-Marsch

130

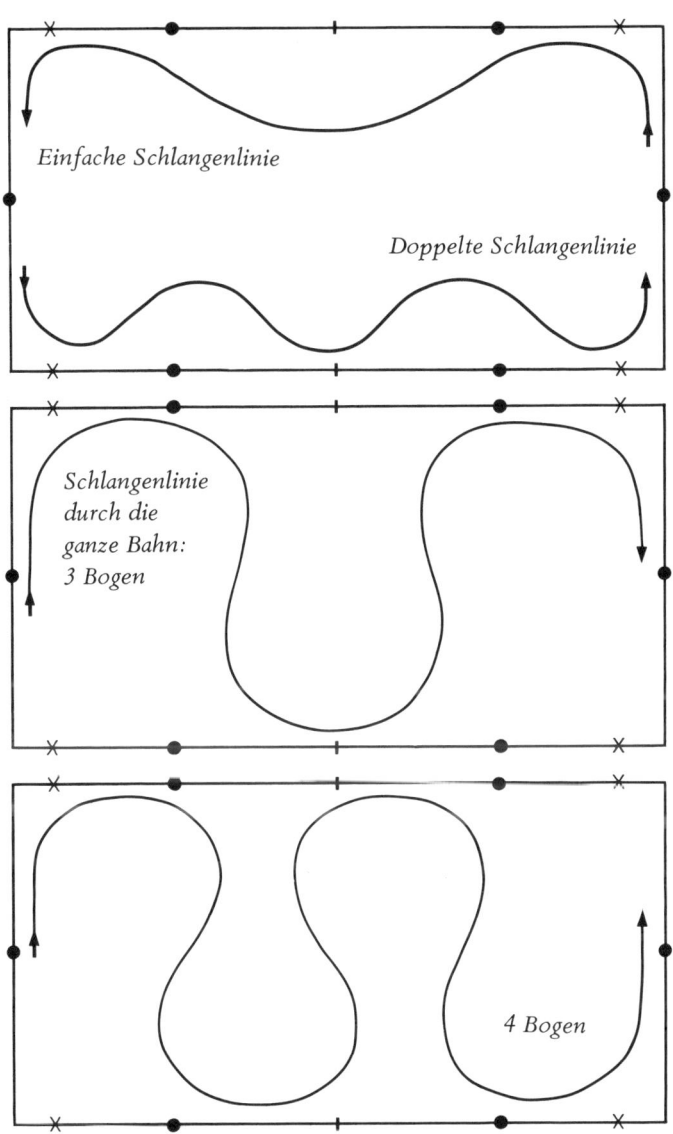

Einfache Schlangenlinie

Doppelte Schlangenlinie

Schlangenlinie
durch die
ganze Bahn:
3 Bogen

4 Bogen

Gurt legen. Denkt an die „Wand". Zügel und Schenkel verhindern gemeinsam, daß das Pferd seitwärts „wegläuft".

Verlagert euer Gewicht auf den rechten Gesäßknochen, indem ihr das Bein lang macht (nicht in der Hüfte einknicken, zum Donnerwetter!).

Nun drückt ihr das Pferd mit dem rechten, zurückgenommenen Schenkel herum. Langsam, Tritt für Tritt, soll es dem rechten Schenkel nach links ausweichen, bis es mit der Hinterhand wieder auf dem Hufschlag steht — und damit auf der rechten Hand. Nun stellt ihr das Pferd wieder ganz gerade. Wenn es vortreten will, haltet ihr es mit einer halben Parade an seinem Platz. Vor und nach der Wendung soll das Pferd ruhig stehen.

Während der ganzen Wendung müßt ihr gerade sitzen bleiben. Sowie ihr mit dem Oberkörper nach vorne kippt, geht euer Pferd nämlich rückwärts. Und wenn ihr in der Hüfte einknickt — aber das wißt ihr ja inzwischen.

Übrigens: Ist euch bei der Wendung etwas aufgefallen? In dem Moment, wo ihr das Pferd nach rechts einstellt (zur Bande hin), wird die rechte Seite zur inneren, die linke zur äußeren. Wenn also der Reitlehrer bei der Wendung sagt: „Treibt mit dem inneren Schenkel das Pferd herum!" meint er den rechten!

„Linksum kehrt" ist im Prinzip genau dasselbe. Ihr braucht die ganze Geschichte nur umzudrehen.

. . . wenn ein Pferd die Ecken abschneidet?
Reitet euer Pferd an der geraden Seite so lange wie
möglich **geradeaus**. Führt es mit dem äußeren Zügel
tief in die Ecke hinein. Erst nach dem Wechselpunkt
geht ihr mit dem äußeren Zügel wieder vor und dreht
die innere Faust ein, damit das Pferd in der Ecke
nach innen gestellt ist. Versucht nicht, das Pferd in
die Ecke zu drängen, indem ihr die innere Faust nach
außen über den Mähnenkamm zieht. Die innere Faust
bleibt auf der inneren Halsseite.
Treibt das Pferd mit dem **inneren Schenkel** in die
Ecke hinein. Unter Umständen müßt ihr ihn etwas
zurücknehmen (verwahrend), um dem Pferd zu sagen: Halt, hier kommst du nicht weiter!
Beides zusammen, Schenkel und Zügel, halten das
Pferd auf dem Hufschlag und führen es in die Ecke
hinein. Wenn durch den angenommenen äußeren
Zügel euer Pferd auf der geraden Seite etwas (aber
wirklich nur etwas!) nach außen gestellt ist, ist das
nicht so schlimm. Ihr dürft nur vor der Ecke das
Nachgeben nicht vergessen.
. . . wenn ein Pferd in die Kreismitte drängt?
Im Prinzip helfen dieselben Hilfen wie bei der Ecke.
Der **innere** Schenkel muß energisch angelegt werden.
Er treibt das Pferd nach außen auf die Zirkellinie.
Dazu nehmt ihr den äußeren Zügel fest an. Er **führt**
das Pferd auf dem Hufschlag des Zirkels. **Der äußere
Zügel darf nie durchhängen!** Und auf dem Zirkel
schon gar nicht. Hoffentlich kommt ihr durch das
Festhalten des äußeren Zügels nicht ins Ziehen.
Denkt an die halben Paraden.

133

. . . wenn ein Pferd nicht vom Hufschlag abwenden will?

Jede Wendung vom Hufschlag in die Bahn müßt ihr zuerst mit einer halben Parade einleiten, damit euer Pferd weiß: Aha, es kommt was Neues!

Zieht nicht plötzlich am inneren Zügel, um euer Pferd vom Hufschlag wegzulenken. Nehmt den inneren Zügel etwas kürzer und den äußeren Schenkel zurück, damit euer Pferd gebogen und nicht plötzlich herumgerissen wird.

Vergeßt den äußeren Zügel nicht. Er darf nicht durchhängen. Denkt immer daran, daß der äußere Zügel das Pferd führt. Der innere Zügel stellt es nur ein. Wenn ihr nur am inneren Zügel zieht, passiert folgendes: Euer Pferd dreht zwar den Kopf nach innen, rennt aber trotzdem stur geradeaus weiter. Erst durch das Annehmen des äußeren Zügels und Anlegen des äußeren Schenkels erinnert es sich an die „Wand" und befolgt die Hilfen zum Abwenden.

. . . wenn man beim Handwechsel die Gerte wechseln muß?

Nach jedem Handwechsel wird normalerweise auch die Gerte gewechselt (in die andere Hand genommen), weil sie in der inneren Faust getragen werden soll.

Angenommen, ihr befindet euch auf der linken Hand und wechselt auf die rechte. Da nehmt ihr beide Zügel und die Gerte zusammen in die linke Hand. Mit der rechten zieht ihr die Gerte nach oben aus der Faust. Anschließend nehmt ihr die Zügel wieder in beide Hände.

Den Gertenwechsel könnt ihr genauso üben wie die Zügelhilfen. Bindet euch wieder den bewußten Bindfaden an eine Stuhllehne und setzt euch davor. Als Gerte könnt ihr auch einen dünnen Stock oder eine lange Stricknadel nehmen — jedenfalls zum Üben!

WIE MAN ZUSAMMENSTÖSSE VERHINDERT

Jeder Reiter, der sich mit seinem Pferd in einer Bahn oder Halle aufhält, muß sich bestimmten Regeln unterwerfen, wenn nicht ein Chaos entstehen soll. Das ist genau das gleiche wie im Straßenverkehr, wo ja auch nicht jeder machen kann, was er will.
Solange nur eine Abteilung in der Bahn ist, ist die Sache natürlich einfach. Alles hört auf das Kommando des Reitlehrers.
Wenn außer der Abteilung noch Einzelreiter in der Bahn sind, so hat die Abteilung immer „Vorfahrt". Einzelreiter müssen grundsätzlich ausweichen.
Sind alle Reiter in der Bahn Einzelreiter, wird es komplizierter. Das trifft auch auf Abteilungen zu, die vom Reitlehrer für eine Weile alleingelassen werden. Solange durcheinander geritten wird, gelten auch für die Abteilung die „Bestimmungen" der Einzelreiter. Zuerst einigen sich die Reiter auf eine Hand, zum Beispiel die linke. Nach einer Weile ruft einer: „Handwechsel, bitte!" Dann gehen alle Reiter kommentarlos auf die rechte Hand.
Treffen sich trotzdem zwei Reiter auf dem Hufschlag, so hat immer derjenige Vorfahrt, der auf der linken Hand ist.
Wer Schritt reitet, geht auf den zweiten Hufschlag, damit der Weg für Pferde frei ist, die Trab oder Galopp gehen. Vergißt ein Reiter, den Hufschlag zu räu-

men, so wird er mit einem: „Hufschlag frei!" daran erinnert.

Wollt ihr ein Pferd innen überholen, so müßt ihr auf einen genügend weiten Abstand achten. Manche Pferde fühlen sich eingeengt, wenn sie zwischen Bande und Kollegen wenig Platz haben — und keilen aus. Außerdem müßt ihr auch immer damit rechnen, daß sich zwei Pferde nicht leiden können und bei passender Gelegenheit Streit suchen. Darum Abstand.

Kein Reiter sollte sein Pferd mit der Gerte bestrafen, wenn unmittelbar dahinter ein anderes Pferd ist. Sehr leicht kann es dabei durch plötzliches Ausschlagen des Bestraften zu einem Unfall kommen.

Wenn ihr also seht, daß Pferd und Reiter vor euch eine Meinungsverschiedenheit haben, haltet deutlich Abstand.

Reitet ihr selber mit einer Gerte, achtet darauf, daß sie entweder an der Pferdeschulter oder über dem Oberschenkel liegt. Eine abstehende Gerte behindert andere Reiter, die vorbeireiten. Ihr dürft nie — auch nicht aus Versehen — ein fremdes Pferd mit der Gerte schlagen.

Zum Auf- und Absitzen stellt ihr euch so in die Bahn, daß ihr niemanden behindert. Bleibt bitte nicht auf dem Hufschlag, das gibt Ärger.

Während ihr die Bügel hochschiebt und den Gurt löst, haltet ihr das Pferd besser fest. Vor allem, wenn andere Pferde neben euch stehen. Pferde sind Nasentiere. Sie beschnuppern einander gern mit den Nüstern — und zeigen eine Abneigung gegen den Artgenossen, indem sie mit dem Vorderbein ausschlagen und quieken.

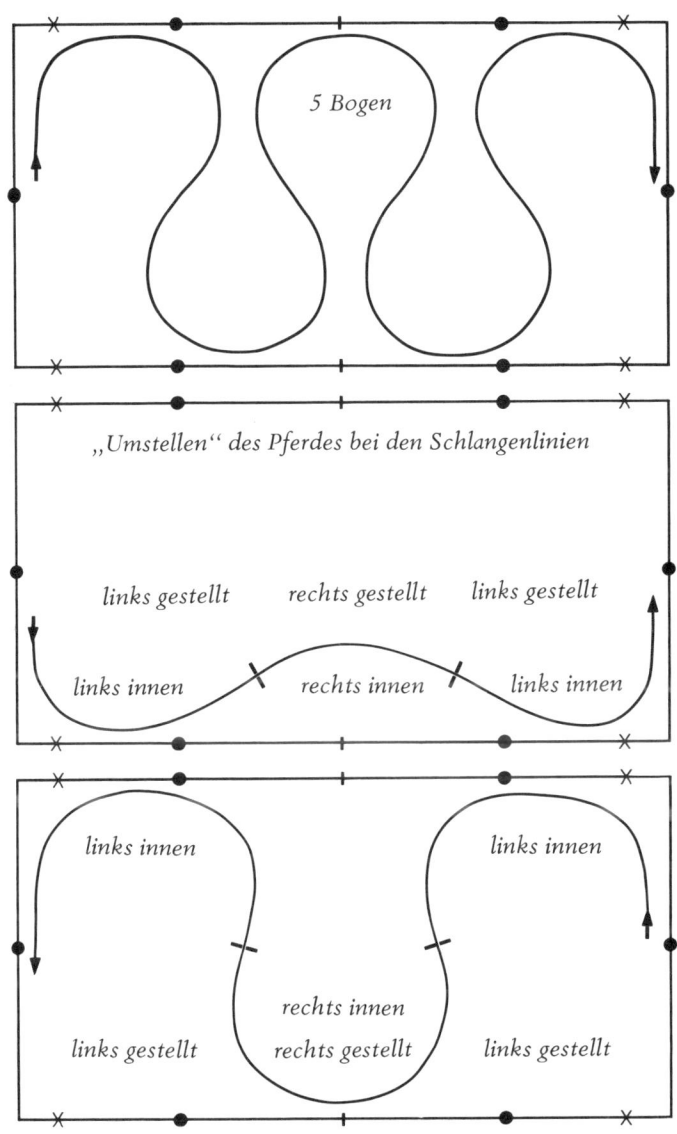

5 Bogen

„Umstellen" des Pferdes bei den Schlangenlinien

links gestellt   rechts gestellt   links gestellt

links innen   rechts innen   links innen

links innen   links innen

rechts innen
rechts gestellt

links gestellt   links gestellt

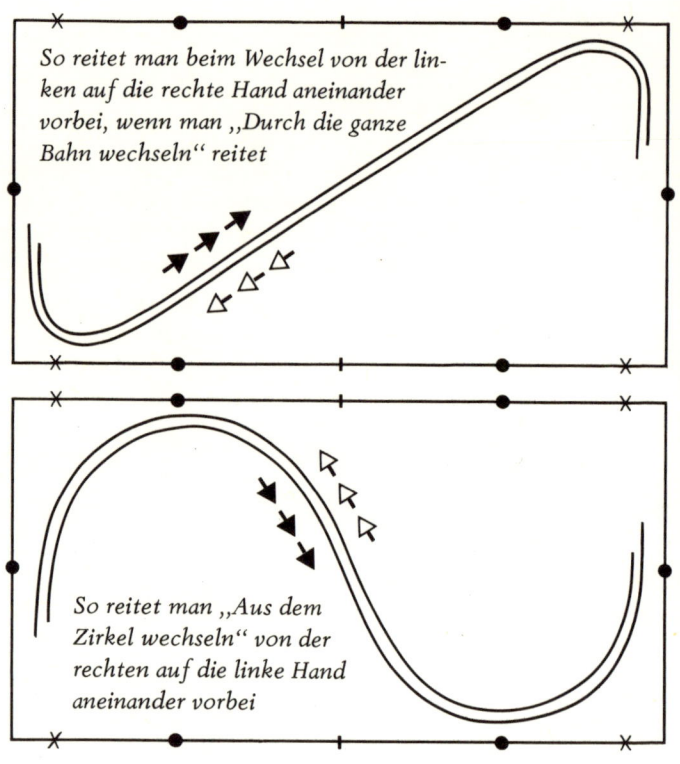

*So reitet man beim Wechsel von der lin-
ken auf die rechte Hand aneinander
vorbei, wenn man „Durch die ganze
Bahn wechseln" reitet*

*So reitet man „Aus dem
Zirkel wechseln" von der
rechten auf die linke Hand
aneinander vorbei*

Wenn ihr also nicht sicher seid, ob euer Pferd sich mit
seinen „Nebenleuten" verträgt, dann verhindert
möglichst, daß sie sich mit den Nasen zu nahe kommen.

Ehe ihr die Halle verlaßt, macht bitte mit einem:
„Tür frei!" darauf aufmerksam.

Übrigens: Es wird kaum Zusammenstöße geben,
wenn ihr die Hufschlagfiguren immer korrekt ausrei-
tet. Dann wissen die anderen Reiter nämlich, wo ihr
hinwollt.

138

Abstand zum Nebenmann

Das gilt auch für den Handwechsel. Reitet „Durch die ganze Bahn wechseln" oder eine andere Hufschlagfigur, um auf die andere Hand zu kommen.

Wenn ihr von der rechten auf die linke Hand wechselt, so weicht ihr einem entgegenkommenden Reiter so nach rechts aus, daß er an eurer linken Seite vorbeireitet.

Wechselt ihr von der linken auf die rechte Hand und es kommt euch ein Reiter entgegen, so weicht ihr etwas nach links aus und laßt ihn rechts an euch vorbei.

Dasselbe gilt auch, wenn in zwei Abteilungen geritten wird.

Zuerst einmal müssen wir deutlich zwischen bocken und buckeln unterscheiden.

Buckeln ist vergleichsweise harmlos. Das Pferd hüpft ein bißchen, macht im Grunde aber nicht viel mehr als ein paar „erhöhte" Galoppsprünge.

Ein junges Pferd buckelt manchmal, weil ihm das Reitergewicht noch ungewohnt und lästig ist.

Im Frühjahr buckeln viele Pferde, weil ihnen der Frühling in die Beine schießt — auch in der Halle.

Nach einem Ruhetag buckeln viele Pferde aus purem Übermut.

Im allgemeinen werdet ihr die Buckelei ganz leicht aussitzen können — wenn ihr schon sitzen gelernt habt. Beine zu und ein paar halbe Paraden, anschließend richtig vorwärtsreiten — dann habt ihr es schon überstanden. Wenn ihr das Pferd beschäftigt, vergißt es seine Späße bald. Die geeignete Gangart, um das Pferd auf andere Gedanken zu bringen, ist der Trab. Aus dieser Gangart heraus ist ihm ein Buckeln nämlich nicht möglich. Ihr dürft nur nicht ängstlich anhalten und darauf warten, daß etwas geschieht. „Vorwärts!" ist die Devise.

Wenn ein Pferd richtig **bockt**, braucht man schon einen festen Sitz und einen guten Knieschluß, um nicht aus dem Sattel zu fallen.

Beim Bocken macht das Pferd den Rücken steif und springt mit allen vieren gleichzeitig in die Luft. Oder es krümmt den Rücken und senkt den Kopf. Im schlimmsten Fall versucht es den Kopf zwischen die Vorderbeine zu stecken. Schafft es das, so hat es gewonnen.

Gegen richtiges Bocken ist kein Kraut gewachsen. Aber immerhin gibt es ein paar Dinge, die ihr wissen solltet, um nicht ganz hilflos zu sein.

Zunächst einmal gilt dasselbe wie beim Buckeln: Beine zu und vorwärtsreiten (wenn ihr noch dazu kommt!). Trab, Trab, Trab — denn ein Pferd kann wohl aus dem Stand, dem Schritt und dem Galopp bocken, aber nicht aus dem Trab.

Hat ein Pferd erst einmal angefangen zu bocken (und ihr seid beim ersten Sprung oben geblieben), so setzt eine Hand fest auf den Mähnenkamm und gebt mit der anderen **harte Paraden**, sogenannte **Insterburger**. Nehmt dabei den Oberkörper zurück, dann könnt ihr besser das Gleichgewicht halten. Aber ein Patentrezept ist das natürlich nicht.

Zum Trost: Es gibt nur sehr wenige Pferde, die so richtig gemein bocken, um ihren Reiter loszuwerden. Vielleicht lernt ihr überhaupt nie eines kennen. Die meisten begnügen sich mit ein paar Buckelchen.

Falls ihr mal an ein Pferd geratet, das die dumme Angewohnheit hat zu steigen, so haltet euch nicht vor Schreck am Zügel fest. Um das Gleichgewicht zu halten, braucht euer Pferd den Hals frei — der Pferdehals ist eine Art Balancierstange. Legt die Arme um den Hals, der euch beim Steigen schneller entgegenkommt, als euch lieb ist. Macht die Knie zu — und reitet vorwärts sowie euer Roß seine vier Beine wieder auf dem Boden hat.

Das **wichtigste**, wenn man in Schwierigkeiten kommt, ist **immer vorwärts**. Nur aus dem Treiben kann man sein Pferd mit halben Paraden wieder in die Hand bekommen.

RUNTERFALLEN IST KEINE SCHANDE –
NUR DAS LIEGENBLEIBEN

Für (fast) jeden Reiter kommt einmal der Moment, wo er sich unfreiwillig von seinem Pferd trennt. Das muß gar nicht durch ein Bocken geschehen. Oft genügt schon ein harmloser Seitensprung, mit dem man nicht gerechnet hat, oder eine plötzliche Vollbremsung.

Wenn ihr in der Bahn runterfliegt, fallt ihr verhältnismäßig weich. Im Gelände ist das Aussteigen schon unangenehmer.

Über die Frage, ob man bei einem Sturz versuchen soll, die Zügel in der Hand zu behalten, können sich die Reiter nie einig werden. Behält man die Zügel in der Hand und das Pferd läuft noch zwanzig Meter weiter, wird man mitgezogen – und das kann recht schmerzhaft sein. Ich habe es erlebt.

Läßt man die Zügel los, so muß man damit rechnen, daß das liebe Tier ohne einen „abgeht". Es ist schon eine Zwickmühle, in der man sich befindet.

Solange ihr in einer Gruppe reitet, ist ein Loslassen nicht so schlimm. Es gibt wenig Pferde, die sich weit von ihren Artgenossen entfernen. Solange diese von ihren Reitern angehalten werden, bis der Unglücksrabe sein Pferd wieder „am Band" hat, ist alles halb so wild. Kritisch wird es erst, wenn ein oder mehrere Reiter hinter dem Ausreißer hergaloppieren. Das spornt ihn nur zum Rennen an.

Zum Glück geht das Runterfallen meistens so schnell, daß ihr ohnehin nicht zum Überlegen kommen werdet. Um das Pferd wieder einzufangen geht ihr am besten von vorn auf die **Schulter** zu. Dann hat es

Ob auf der Weide oder in der Bahn — immer hübsch langsam an das Pferd heran!

euch im Blick und erschrickt nicht so leicht. Geht mit ruhigen Schritten langsam auf das Pferd zu. Nicht zaghaft, aber auch nicht ungeduldig. Sprecht mit ihm, während ihr euch nähert, und wenn ihr ein Stück Zucker in der Tasche habt, so bietet es an.

Erwischt ihr den Ausreißer nicht sofort, werdet nicht ungeduldig. Manche Pferde lieben es, die kurze Freiheit ein bißchen auszudehnen.

Bestraft das Pferd nicht, wenn ihr es endlich wiederhabt. Es würde eine Strafe völlig falsch verstehen und beim nächstenmal gar nicht daran denken, sich greifen zu lassen. Und wenn es euch noch so schwerfällt, weil ihr eine Wut im Bauch habt: sprechen, loben, ein Stück Zucker und wieder rauf.

Ehe ihr aufsitzt, prüft ganz schnell, ob der Sattel auch noch richtig liegt oder ob er bei der Toberei nicht vielleicht verrutscht ist. Ist alles in Ordnung, nichts wie rauf. Je schneller ihr weiterreitet, desto schneller habt ihr den Schrecken vergessen. Denkt euch einfach: **Jedes Runterfallen ist eine gute Gelegenheit, das Aufsitzen zu üben!**

Wenn es euch tröstet: Ich bin an die fünfzigmal vom Pferd gekommen, bei allen möglichen Gelegenheiten, und passiert ist mir nie etwas Ernsthaftes. Und wenn ihr nicht runterfallt, um so besser!

WARUM SCHREIT EIN REITLEHRER?

Ich kenne keinen Reitlehrer, der nicht wenigstens ab und zu laut wird. Früher habe ich mich oft gefragt, warum das so ist. Bis ich dann selbst in der Bahn stand und Unterricht gab.

Wenn man zehn- und zwanzigmal hintereinander dasselbe gesagt hat, hebt man beim einundzwanzigsten Mal ganz unbewußt die Stimme.

Wenn man sieht, wie die Pferde gelangweilt durch die Bahn trotten, donnert man los, damit wenigstens sie aufwachen.

Wenn man sieht, wie ein Reiter sich vergeblich bemüht, sein Pferd in Trab zu bringen, fängt man an zu brüllen, weil man am liebsten auf dieses widerspenstige Pferd springen würde, um ihm zu zeigen, was eine Harke ist! Die meisten Schulpferde gehen wirklich einen Schritt schneller, wenn sie den Reitlehrer nicht nur sehen, sondern auch hören.

Nur den Reitern hilft die Brüllerei überhaupt nicht.

Habt trotzdem ein bißchen Verständnis, wenn der Reitlehrer euch anschnauzt. Er meint es in den meisten Fällen nicht böse. Es ist auch selten persönlich gemeint.

Ein Reitlehrer schimpft im Grunde nicht über den Reitschüler. Er meint nicht die Person, sondern den Fehler. Den gleichen Fehler, den der arme, angeschnauzte Reitschüler gemacht hat, haben nämlich gleichzeitig noch drei andere gemacht. Und weil er nicht jedem einzelnen dasselbe sagen will, hebt der Reitlehrer eben seine Stimme, damit alle aufwachen. Fühlt euch immer angesprochen, auch wenn ihr im Augenblick gar nicht gemeint seid. Wenn der Lehrer einem Reiter sagt: „Absätze tief!", dann prüft sofort eure eigenen Hacken. Ihr erspart euch und dem Reitlehrer manche Korrektur.

Gewöhnt euch an, die persönlichen Anspielungen, die manche Reitlehrer offenbar nicht lassen können, zu überhören. Sie entspringen oft dem Augenblick. Nach der Stunde weiß der Reitlehrer bestimmt nicht mehr, was er euch alles an den Kopf geworfen hat.

WENN MAN ES GRÜNDLICH MACHT: SATTELPFLEGE

Sattel und Trense bestehen aus Leder. Leder ist ein Material, das viel Pflege verlangt. Mindestens ein- bis zweimal im Monat sollte beides gründlich eingefettet werden, um es vor dem Austrocknen – und damit vor dem Hartwerden – zu schützen.

Mit freiwilliger Sattelpflege könnt ihr in vielen Ställen „Pluspunkte" sammeln. Nicht nur der Reitlehrer, auch die Privatreiter freuen sich, wenn sie jemanden finden, der ihnen diese Arbeit abnimmt. Oft springen dabei ein paar Extra-Reitstunden heraus.

Bevor ihr mit der eigentlichen Pflege beginnt, müßt ihr den Sattel **auseinandernehmen**. Es werden abgeschnallt: der Gurt, die Satteldecke, die Bügel und die Bügelriemen.

Die **Satteldecke** bürstet ihr am besten mit einer festen Wurzelbürste ab, sofern sie aus Filz ist. Eine Lederdecke müßt ihr mit Sattelseife abwaschen und hinterher mit Lederfett einreiben.

Der normale **Gurt** ist voll waschbar. Ihr könnt ihn getrost einweichen und mit der Bürste schrubben. Ledergurte müssen wie eine Lederdecke behandelt werden.

Die **Bügelriemen** und den **Sattel** wascht ihr mit Sattelseife und Wasser ab (nicht zu naß!). Anschließend reibt ihr beides gut mit Lederfett oder Lederöl ein. Es gibt dafür spezielle Pflegemittel, die man für alle Lederteile benutzen kann. Ertränkt den Sattel aber nicht im Fett. Sonst hat der nächste Reiter eine völlig verdreckte Hose.

Es ist am besten, wenn ihr das erstemal unter Aufsicht an Sattel und Trense herangeht. Dann könnt ihr nichts falsch machen, auch beim „Zusammenbauen" nicht.

Die **Trense** müßt ihr zur gründlichen Pflege ebenfalls auseinandernehmen, damit ihr jedes Fleckchen Leder erreicht.

Besonders sorgfältig müßt ihr die Teile fetten, die auf- und zugeschnallt werden. Hier wird das Leder am schnellsten brüchig.

Merkt euch genau, was ihr wo auf- und abschnallt. Sonst gibt es ein heilloses Durcheinander von Teilen.

146

Links: Fertig zum Großreinemachen. Rechts: Her mit dem Lederfett!

Macht am Anfang immer nur eine Schnalle auf. Im übrigen wird die Trense genauso behandelt wie der Sattel.

Die Zügel werden je nach Material geschrubbt, gewaschen oder gefettet. Die Lederteile müssen immer gefettet werden.

Beim Anschnallen der Zügel müßt ihr darauf achten, daß das längere Zügelende nach links kommt. Beim Reiten hängt ja das Zügelende nach rechts herunter. Das linke Stück hat also den längeren Weg „zurückzulegen".

Übrigens: Wenn ihr mit Lederfett arbeitet, nehmt ihr am besten einen Lappen oder einen Schwamm. Bei Lederöl empfiehlt sich ein Pinsel.

147

So richtig schön ist es im Stall erst, wenn man ganz dazugehört. Wenn einem wirklich jedes Pferd vertraut, jeder Handgriff selbstverständlich ist. Dazu gehört dann auch das Ausmisten und Einstreuen.

In den meisten Ställen bekommen die Pferde abends frisches Stroh. Dann liegen sie nicht während der Nacht im Mist.

Wenn ihr die Möglichkeit habt, übt das Einstreuen zuerst in einem leeren Ständer und einer leeren Box, während das Pferd in der Reitbahn ist.

Mit der Heugabel wird das Stroh aufgelockert und so im Ständer verteilt, daß es vorne höher liegt als hinten. Die Pferde scharren es nämlich im Laufe der Nacht zurück. Wenn es vorne nicht hoch genug liegt, stehen sie später auf dem blanken Boden.

In der Box dagegen müßt ihr das Stroh ganz gleichmäßig verteilen. Es soll keine Hügel und Täler bilden. Ist euch der Umgang mit der Gabel zuerst zu ungewohnt und unbequem, könnt ihr das Stroh auch mit den Händen auseinanderschüttelt und verteilen. Allerdings seid ihr dann hinterher mit Strohhalmen übersät.

Wenn das Pferd während des Einstreuens im Ständer steht, müßt ihr schon vorsichtig sein. Haltet die Gabel immer so, daß die Spitzen der Zinken vom Pferd weg zeigen. Dann könnt ihr es nicht versehentlich pieksen.

Im Ständer laßt ihr das Pferd ganz auf die Seite treten, wenn ihr einstreut: erst nach rechts, dann nach links. In der Box ist es einfacher, weil mehr Platz ist. Achtet aber trotzdem darauf, daß euer Pferd wirklich

148

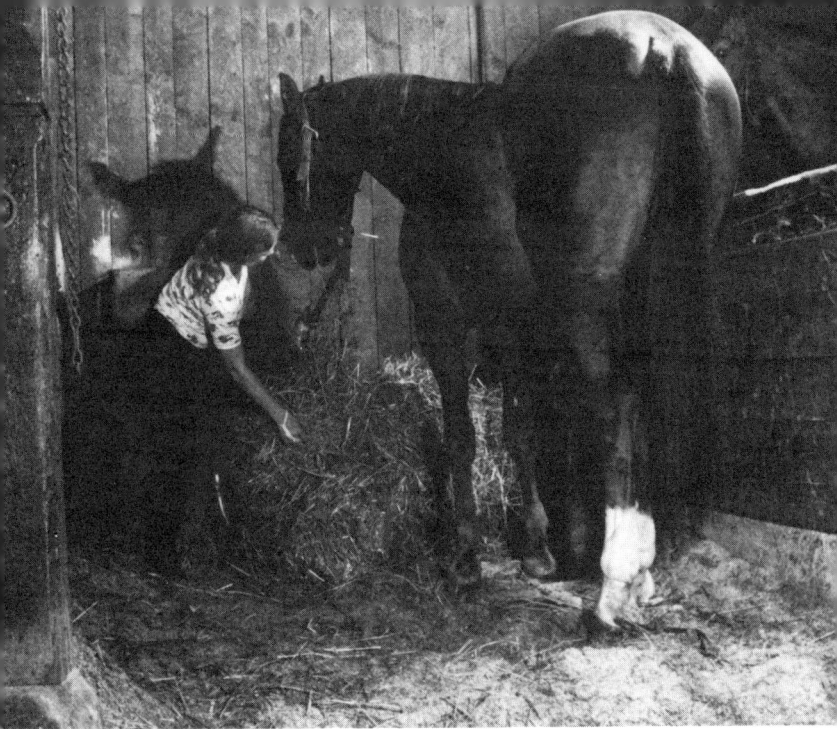

Tust du mir auch nichts? — Das erste Einstreuen

aus dem Weg geht. Zeit zum Schmusen ist hinterher.
Jeden Tag wird bei den Pferden, die im Ständer stehen, das mistige Stroh entfernt, das die Tiere nach
hinten scharren. Das geschieht meistens morgens und
manchmal auch noch tagsüber.
In den Boxen wird ebenfalls mindestens einmal täg-
lich ausgemistet. Das bedeutet, daß die frischen Äpfel
entfernt werden und die Streu glattgemacht wird.
Etwa alle vier bis sechs Wochen wird die ganze Box
ausgemistet. Alles Stroh wird herausgeholt. Das ist
eine zeitraubende und schwere Arbeit. Beliebt ist sie
auch nicht, denn das mistige Stroh, das so lange in
der Box liegt, riecht sehr scharf. Außerdem haben die
Pferde ihre **Matratze** so festgetreten, daß man schon

149

Kraft braucht, um die Mischung aus Mist, Stroh und Urin herauszuwuchten.

Wer sich vor harter Arbeit und Dreck nicht scheut, der kann beim Ausmisten eine Menge Pluspunkte sammeln.

WOHLAUF IN GOTTES SCHÖNE WELT –
DER ERSTE AUSRITT

Wenn ihr das erstemal mit ins Gelände reiten dürft, bereitet euch seelisch darauf vor, daß ihr das Pferd nicht wiedererkennt. Draußen ist alles anders. Draußen sind die Pferde munterer, aufmerksamer und „lustiger". Sie machen eher mal einen Sprung zur Seite, bleiben auch leichter stehen, wenn sie etwas Ungewohntes entdecken. Und wenn es ans Galoppieren geht, merken auch die faulsten Pferde plötzlich, daß sie vier Beine haben.

Merkt euch für das erste Mal:

Nicht träumen, sondern immer mit Augen und Ohren dort sein, wo geritten wird.

Keine Angst haben, so schlimm ist ein Seitensprung nun auch wieder nicht. Wenn ihr ruhig bleibt und an das denkt, was ihr gelernt habt, kann nicht viel passieren.

Nicht zurückbleiben, sonst kann es geschehen, daß ihr die Vorderreiter in einer Kurve plötzlich nicht mehr seht — und dann fängt euer Pferd bestimmt an zu rennen.

Je schneller geritten wird, desto weiter müßt ihr mit dem Oberkörper vorgehen (aber nicht krumm sitzen). Das ist ähnlich wie auf einem Fahrrad, wo ihr euch bei steigender Geschwindigkeit ja auch nach vorne legt. Wenn **geklettert** wird, macht ihr die Beine zu, Knie ans Pferd, und faßt mit den Händen in die Mähne.

Bergauf geht ihr mit dem Oberkörper weit nach vorn, um den Pferderücken zu entlasten. Beide Hände gehören in die Mähne oder seitwärts an den Pferdehals. Dabei dürfen die Zügel ruhig durchhängen. Euer Pferd balanciert sich allein am besten aus.

Bergab bleibt ihr mit dem Oberkörper senkrecht zum Pferderücken. Je steiler es hinuntergeht, desto mehr müßt ihr mit dem Oberkörper vorgehen. Laßt die Zügel leicht anstehen, und stützt euch mit den Händen am Hals ab (siehe Umschlag).

Beim Galopp könnt ihr versuchen, etwas aus dem Sattel aufzustehen (wenn ihr noch keinen richtigen leichten Sitz gelernt habt). Das geht aber nur, wenn gleichzeitig die Knie fest am Sattel liegen und die Bügel ganz fest durchgetreten werden. Wenn ihr das noch nicht könnt, bleibt lieber im Sattel sitzen. Das ist dann besser, als bei jedem Galoppsprung dem Pferd in den Rücken zu fallen.

Wenn das Pferd im Galopp schnell wird und das Vorderpferd überholen möchte, müßt ihr es **unbedingt zurückhalten!**

Wenn ihr merkt, daß ihr mit halben Paraden nicht mehr durchkommt, setzt ihr eine Hand auf den Mähnenkamm und gebt mit der anderen Paraden, die in dem Fall ruhig härter sein dürfen als gewöhnlich. Aber **zieht euch nicht fest!** Bei Kraft gegen Kraft siegt immer das Pferd!

Ob ihr in der Bahn über ein Cavaletti oder im Gelände über einen Baumstamm springen müßt: Beides ist nicht schlimm und hat mit Springen noch nicht viel zu tun. Keine Angst also. Versucht an folgendes zu denken:

Beide Füße fest in die Bügel, Knie an den Sattel, Hände vorschieben und links und rechts am Pferdehals aufstützen, Oberkörper nach vorn, Hintern etwas aus dem Sattel — und schon ist alles überstanden. In Gesellschaft machen Pferde das mit der linken Hand. Wichtig ist, daß ihr das Pferd nicht stört, etwa durch Annehmen der Zügel. Es weiß in jedem Fall besser als ihr, was es machen soll.

Vor allem, macht die Bügel für den Ausritt zwei bis drei Loch kürzer als gewöhnlich.

Noch etwas: Laßt das Pferd unterwegs nicht fressen, auch nicht im Vorbeigehen.

Erstens können sie mit dem Gebiß im Maul nicht richtig kauen. Zweitens verschmieren Gras und Blätter das Gebiß. Drittens bekommt es nur wenigen Pferden, wenn sie mit stramm angezogenem Sattelgurt fressen. Viertens gibt es eine ganze Reihe von Pflanzen, die für Pferde giftig sind.

Fünftens — und dieser Punkt ist ganz wichtig — könnt ihr nicht wissen, ob nicht vielleicht die Wiesen und Bäume, an denen das Pferd sich „vergreifen" möchte, mit chemischen Mitteln gespritzt sind. Durch Chemikalien wird jede Pflanze für Pferde lebensgefährlich.

Übrigens: Wenn ihr (als Reiter oder Fußgänger) an einer Pferdekoppel steht, dann beherrscht euch. Ihr dürft weder fremde Weiden betreten, noch fremde Pferde füttern. Auch dann nicht, wenn kein Verbotsschild aufgestellt ist. Aber wenn ihr dieses Buch aufmerksam gelesen habt, ist euch das ohnehin klar.

152

WAS PFERDE SICH WÜNSCHEN

Jetzt habt ihr also „Pferdeluft" geschnuppert, seid mit allem und jedem im Stall vertraut und wißt überall Bescheid. Lächerlich geradezu, daß ich euch trotzdem noch ein paar Dinge ans Herz legen möchte. Nicht in meinem Namen, mich erschüttert so leicht nichts. Aber nicht alle Pferde verfügen über so ein solides Nervenkostüm wie ich. Die „Privaten" sind zum Teil sogar ganz schön empfindlich. Darum bitten wir euch: Tobt nicht im Stall herum, wenn wir fressen. Wir möchten dabei nicht gestört werden.
Rennt nicht schreiend herum, wenn ihr seht, daß wir kommen. Viele von uns sind allergisch dagegen.
Fuchtelt nicht mit Armen, Tüchern oder Gerten, wenn wir in der Nähe sind. Woher sollen wir wissen, ob ihr nur spielt oder ob uns vielleicht im nächsten Augenblick etwas um die Ohren fliegt.
Kriecht nicht hinter uns herum, ohne euch zu melden. Hinten haben wir keine Augen.
Nehmt Rücksicht und bleibt stehen, wenn ihr merkt, daß einer von uns unruhig wird.
Macht Platz, wenn wir kommen.
Wenn ihr euch geärgert habt, laßt eure Wut nicht an uns aus. Können wir etwas dafür?
Behandelt uns gleichmäßig freundlich und ruhig, dann gehorchen wir gern.
Sprecht mit uns, wenn wir unruhig sind, damit wir an eurer Stimme hören, daß nichts Schlimmes auf uns zukommt.
Behandelt uns wie vernünftige Wesen. Wir sind kein Spielzeug für die Puppenstube.
Denkt immer daran, daß wir **fühlen**.

Ehe ich mich von euch verabschiede, will ich euch noch ein paar allgemeine Tips mit auf den Weg geben, die in kein Kapitel so recht passen wollten.

Wenn ihr beim Reiten **Seitenstechen** bekommt, dann habt ihr vor Anstrengung das Atmen vergessen. Ihr habt euch so konzentriert, daß ihr die Luft angehalten habt. Atmet ein paarmal tief durch, dann läßt das Stechen bald nach.

Wenn ihr schon ein bißchen Praxis habt und einmal ein „lustiges" Pferd reiten wollt, dann bemüht euch um eine Stunde am Tag nach dem Stehtag. Dann haben alle Pferde ein bißchen mehr Pfeffer als gewöhnlich. Seid ihr aber die Angst noch nicht so ganz los, reitet am Tag vor dem Stehtag. Dann sind die Pferde müde von der vergangenen Woche.

Sollte sich bei euch das Gefühl einstellen, daß die Reitstunden allein euch nicht mehr genügen, dann versucht an ein Privatpferd heranzukommen. Viele Reiter freuen sich, wenn sie ein- oder zweimal in der Woche nicht in den Stall müssen. Gegen einen kleinen Betrag (manchmal auch kostenlos) stellen viele ihr Pferd zur Verfügung. Je mehr Pferde ihr reiten könnt, desto besser. Die Übung macht's.

Sucht euch im Stall immer eine vernünftige Beschäftigung. Das bringt häufig zusätzliche Reitstunden.

Ich habe euch in diesem Buch vor vielem gewarnt. Nicht, weil ich euch Angst machen will, im Gegenteil. Ich habe viele Reitunfälle erlebt und mitangesehen, die aus Unachtsamkeit und Leichtsinn entstanden sind. Ich selber habe auch genug „Mist" gemacht, weil ich dachte: Mir passiert schon nichts. Bis dann eben doch etwas passierte und ich mit dummem Gesicht dastand, während mein Pferd mit nachschleppender Leine quer durch die nahegelegene Baumschule tobte.

Vorsicht hat nichts mit Feigheit zu tun. Vorsicht ist einfach notwendig, wenn man es mit einem so großen und so starken Tier wie einem Pferd zu tun hat.

Manchmal werde ich gefragt, was für mich das Schönste an der Reiterei ist. Und wenn ich dann ehrlich antworte, sind die Frager meist sehr überrascht. Ich denke bei solchen Fragen nicht an eine gute Dressur, einen gelungenen Sprung oder einen schönen Ausritt.

Das Schönste ist für mich: wenn ich am Koppelzaun stehe und jungen Fohlen bei ihren Spielen zusehe; wenn sie auf ihren langen Beinen auf mich zutapsen, unsicher und neugierig zugleich. Wenn ich merke, wie ein ängstliches Pferd allmählich Zutrauen zu mir faßt und bei einer Berührung nicht mehr zurückschreckt. Wenn ein Pfiff genügt, um meine Pferde auch vom entferntesten Ende der Weide zu mir zu rufen.

Wenn ich dann unter ihnen stehe und sie mich herausfordernd anstupsen: Na, hast du etwa nichts mitgebracht?

Wenn sie mir bis zum Zaun folgen und mir noch einen Augenblick lang nachschauen — dann bin ich ganz glücklich. So schön wie das Vertrauen eines Tieres, das mir aus freien Stücken folgt — so schön kann kein Erfolg im Sattel sein.

So, nun habe ich alles gesagt, was ich sagen wollte. Ich hoffe nur, ihr habt beim Lesen dieses Buches genausoviel Spaß, wie ich beim Schreiben hatte. Vielleicht habe ich euch auch die eine oder andere nach-

denkliche Minute bereitet. Reiten ist ein so schöner Sport, es lohnt sich schon, hin und wieder darüber nachzudenken.
In diesem Sinne . . .

Eure

Christa Schütt

Fachausdrücke der „Reitersprache"

Anlehnung: Verbindung von Reiterhand und Pferdemaul durch die Zügel

Ausbinder: zwei seitlich vom Sattel zu den Trensenringen führende Riemen, die die Bewegungsfreiheit des Pferdes einschränken

Ausmisten: das Entfernen von schmutzigem Stroh aus der Box oder dem Ständer

außen: die der Bande zugekehrte Seite des Pferdes

Bahnpunkte: an die Bande gemalte Zeichen oder Buchstaben

Bande: Begrenzung der Reitbahn

Blässe: Abzeichen am Pferdekopf

Brand: ins Fell eingebranntes Zeichen, das bei jeder Rasse anders aussieht

Bügeltritt: der Teil des Bügels, auf dem der Fuß des Reiters ruht

Cavaletti: Bodenrick, kleines „Hindernis" von 20 bis 40 Zentimeter Höhe

Deckhaar: das Fell oder besser das Haarkleid

Dressurprüfungen: werden gestaffelt nach Schwierigkeitsgrad: E = Einführung, A = Anfänger, L = leicht, M = mittelschwer, S = schwer

Durchlässigkeit: Gehorsam des Pferdes auf alle Hilfen

Einstreuen: das Verteilen von Stroh oder Torf in den Boxen und Ständern

Flocke: Abzeichen am Kopf

Gangarten: Grundgangarten sind Schritt, Trab und Galopp; manche Rassen gehen dazu noch Paß und Tölt.

Hufschlag: an der Bande entlangführende „Spur"

innen: der Bahnmitte zugekehrte Seite des Pferdes

157

Insterburger: harter Ruck am Zügel

Kardätsche: Bürste, mit der das Fell glattgebürstet wird

Langhaar: Mähne und Schweif

Legen: Kastrieren eines Hengstes

Leichttraben: abwechselndes Aufstehen und Hinsetzen im Sattel beim Trab

Lektion: Dressuraufgabe

Longe: sieben Meter lange Leine, an der das Pferd im Kreis geht

LPO: Leistungsprüfungsordnung = Verordnung, nach der sich alle Turnierreiter richten müssen

Martingal: Hilfszügel, der verhindern soll, daß das Pferd den Kopf hochnimmt

Materialprüfung: Prüfung, bei der junge Pferde vorgestellt werden

Parcours: vorgeschriebene Springbahn bei einer Springprüfung

Pferdelänge: Abstand zwischen den Reitern bzw. Pferden in einer Abteilung. Eine Pferdelänge = drei Schritt = etwa zwei Meter fünfzig

Putzzeug: Sammelbegriff für Striegel, Kardätsche, Wurzelbürste usw.

Ringreiten: Reiterspiel, bei dem es darauf ankommt, einen Ring mit einer Stange zu durchstoßen

Satteldruck: schmerzhafte Druckstellen auf dem Pferderücken, die durch falsches Auflegen des Sattels entstehen

Schritt: statt Meter gebräuchliches Maß der Reiter. Ein Schritt = etwa 80 Zentimeter

Springprüfungen: nach Schwierigkeitsgrad gestaffelt: E = Einführung, A = Anfänger, L = leicht, M = mittelschwer, S = schwer

158

Stern: Abzeichen am Kopf

Striche: beim Abklopfen des Striegels auf der Stallgasse entstehende ovale Schmutzhäufchen

Striegel: ovales Putzgerät aus Gummi oder Metall, mit dem das Fell aufgelockert und der grobe Schmutz entfernt wird

Stoßzügel: einfacher Ausbinder, der vom Sattelgurt zum Kinnriemen führt

Tölt: Gangart des Islandponys zwischen Schritt und Trab mit sehr rascher Fußfolge

Trense: Zaumzeug; korrekte Bezeichnung: Trense mit Hannoverschem bzw. Englischem Reithalfter

Turnier: Veranstaltung, auf der Dressur-, Spring- und/oder Fahrprüfungen gezeigt werden

Verweigern: Stehenbleiben des Pferdes vor einem Hindernis. Dreimaliges Verweigern führt immer zum Ausschluß des Reiters.

Volte: Kreis von 6 bis 8 Schritt

Voltigieren: Turnen am Pferd

Zirkel: Kreis mit einem Durchmesser von 20 Metern

Zuchtverband: Organisation, die die einzelnen Züchter zusammenschließt und kontrolliert. Für jede Rasse gibt es einen eigenen Verband.